职工技术创新成果知识产权保护
实用手册

中国知识产权研究会◎编著

中国工人出版社

图书在版编目（CIP）数据

职工技术创新成果知识产权保护实用手册 / 中国知识产权研究会编著. —
北京：中国工人出版社，2023.7
ISBN 978-7-5008-8038-7

Ⅰ. ①职… Ⅱ. ①中… Ⅲ. ①知识产权保护－中国－手册 Ⅳ. ①D923.4-62

中国国家版本馆CIP数据核字（2023）第113561号

职工技术创新成果知识产权保护实用手册

出版人	董宽
责任编辑	魏可
责任校对	张彦
责任印制	栾征宇
出版发行	中国工人出版社
地址	北京市东城区鼓楼外大街45号 邮编：100120
网址	http://www.wp-china.com
电话	（010）62005043（总编室） （010）62005039（印制管理中心） （010）82027810（职工教育分社）
发行热线	（010）82029051 62383056
经销	各地书店
印刷	三河市国英印务有限公司
开本	710毫米×1000毫米 1/16
印张	12.5
字数	190千字
版次	2023年9月第1版 2023年9月第1次印刷
定价	45.00元

本书编写组

主　　编　谢小勇

副 主 编　孙　玮

主要撰稿人　孙　玮　董喜俊　唐丹蕾

　　　　　　张　艳　李瑞丰　郎玉涛

　　　　　　章洁桦　武　伟　王丽丽

统 稿 人　孙　玮　董喜俊

审 稿 人　谢小勇

目　录
CONTENTS

第一章

概　论

“大国工匠”是我们广大职工朋友的榜样。手握一杆焊枪伴一生、被誉为“钢铁裁缝”的“七一勋章”获得者艾爱国；成功研制了世界上首条电能表自动化检定流水线的黄金娟；突破极限精度为火箭铸“心脏”的焊工高凤林；行走在特高压线上守护万家灯火的电力工人王进；为国之重器不再受制于人而艰苦奋斗的机修钳工王树军；在码头百米高空驾驶起重机“穿针引线”的桥吊司机竺士杰……一位位如星光般闪耀的大国工匠，在平凡岗位上创造了非凡业绩，展示着用汗水和智慧练就的一身绝技。同时，这些大国工匠对知识产权的重视和保护也值得推广和供大家学习。

2019 年荣获全国“最美职工”的国网浙江省电力有限公司计量中心高级技师黄金娟，扎根电力计量领域三十余年，长期从事电力计量检定一线生产和技术研究工作。她牵头研发的“电能表智能化计量检定技术与应用”成果实现了电能表检定从人工向智能化作业的变革，整体效率提升 58 倍，人员精简 90% 以上，检定可靠性达 100%，她的很多技术成果都通过申请专利的方式来获得保护，共计获得专利授权数十余项。2021 年度获评“大国工匠年度人物”的中国石油大庆油田第二采油厂第六作业区 48 队采油班长刘丽，在从事采油工作近 30 年的时间里，出版发表专业技术图书 28 册，研制创新成果并获奖 200 余项，获国家专利及软件著作权登记 43 项。

表 1 “大国工匠”黄金娟部分发明专利

序号	发明名称	申请单位	发明人
1	一种适用于电流互感器的工装板	国网浙江省电力有限公司；国家电网公司	张燕，黄金娟，周永佳，徐永进，董强，丁荣荣
2	电能表检定系统	国网浙江省电力有限公司；国家电网公司	姜雪明，王炜，张燕，黄金娟，严华江，肖涛

续 表

序号	发明名称	申请单位	发明人
3	电能表检定单元及其工作方法	国网浙江省电力有限公司；国家电网公司	黄金娟，李熊，严华江，肖涛，董强，丁荣荣
4	电能表检验质量实时监控装置及方法	国网浙江省电力有限公司；国家电网公司	姜雪明，王炜，朱炯，张燕，徐林松，徐燕明，黄金娟
5	互感器全自动化检定系统	国网浙江省电力有限公司；国家电网公司	朱炯，韩宵汉，张燕，黄金娟，周永佳，徐永进
6	互感器自动化检定装置	国网浙江省电力有限公司；国家电网公司	张燕，黄金娟，肖涛，周永佳，朱重冶，沈雄
7	复匝式互感器一次端自动接压线装置	国网浙江省电力有限公司；国家电网公司	黄金娟，严华江，周永佳，谢烽，朱重冶，沈雄
8	适用于电能表全自动检测流水线的插针	国网浙江省电力有限公司；国家电网公司	周永佳，徐永进，谢烽，李熊，董强，丁荣荣，黄金娟
9	一种电力表计的智能生产系统	国网浙江省电力有限公司；国家电网公司	姜雪明，王炜，朱炯，韩宵汉，张燕，黄金娟
10	一种电能表防盗封印结构	国网浙江省电力有限公司；国家电网公司	张燕，黄金娟，严华江，肖涛，袁郭竣，潘环节
11	一种电能表封印结构	国网浙江省电力有限公司；国家电网公司	张燕，黄金娟，肖涛，徐永进，董强，丁荣荣
12	一种电能表组合式封盖结构	国网浙江省电力有限公司；国家电网公司	张燕，黄金娟，严华江，肖涛，董强，丁荣荣
13	三相智能电能表检验装置和方法	国网浙江省电力有限公司；国家电网公司	姜雪明，王炜，张燕，黄金娟，王祥，冷学道
14	一种适用于单表位工装板的电能表搬运机械手	国网浙江省电力有限公司；国家电网公司	黄金娟，吴坚，周永佳，谢烽，董强，丁荣荣

一、知识产权是智慧树下的“智慧果”

知识产权从本质上说是一种无形财产权或者没有形体的精神财富，它的客体是智力成果或是知识产品，是创造性的智力劳动所创造的劳动成果。它与房屋、汽车等有形财产一样，都受到国家法律的保护，都具有价值和使用价值。

知识产权中的“知识”和物权法上的“物”有着类似的逻辑关系。物权是民事主体对“物”享有的支配和排他的权利，知识产权是基于对特定的“知识”的支配、利用行为而发生的财产关系。知识产权虽然看不见摸不着，但是日常生活中我们随时都会接触到：走进电影院，所观看的电影就受到版权的保护；去快餐店购买食物，快餐上印的标识可能就是已经注册的商标；心仪的智能手机外观可能已经申请了外观设计专利权，其中的零部件涉及数以万项乃至数十万项的专利。这些都属于知识产权的范畴。

知识产权作为法律用语，其定义是“基于创造成果和商业标记依法产生的权利的统称”①，英文“intellectual property”，除被翻译为“知识产权”这一普遍用语外，也被翻译为智力成果权、智慧财产权或智力财产权。我国在 20 世纪 70 年代才将其译为“知识产权”，而“知识产权”作为正式的法律用语最早出现在 1986 年第六届全国人民代表大会第四次会议通过的《中华人民共和国民法通则》中，并将该称谓沿用至今。2021 年 1 月 1 日，《中华人民共和国民法典》(以下简称《民法典》) 正式开始实施，其中第一百二十三条规定：“民事主体依法享有知识产权。知识产权是权利人依法就下列客体享有的专有的权利：(一) 作品；(二) 发明、实用新型、外观设计；(三) 商标；(四) 地理标志；(五) 商业秘密；(六) 集成电路布图设计；(七) 植物新品种；(八) 法律规定的其他客体。”

知识产权作为对人类智力成果保护的重要制度，被认为是“为天才之火浇上利益之油”，是创新驱动发展的“刚需”，在一国经济和社会发展进步中起着极为重要的作用。随着经济全球化的不断发展，知识产权合作逐渐成为技术贸易的重要形式，成为国际贸易的“标配”。知识产权的外延也不是一成不变的，而是随着社会发展在不断变化，不断完善。如随着数字经济的发展，数据知识产权作为一种新型的知识产权也逐渐被关注和认可。

---

① 《知识产权法学》编写组．知识产权法学 [M]．北京：高等教育出版社，2019：8.

二、知识产权家族的成员

知识产权有广义和狭义之分，其中，狭义的知识产权包括著作权、专利权和商标权，也是最常见的三种知识产权类型。广义的知识产权还包括邻接权、商业秘密权、产地标记权、集成电路布图设计权、植物新品种权等。

（一）著作权

著作权也叫版权，是基于文学、艺术和科学领域的作品所依法产生的权利。《中华人民共和国著作权法》（以下简称《著作权法》）中列举了一系列受保护的作品，如文字作品、口述作品、音乐作品、美术作品、计算机软件等。但实际上，法律的发展一般会落后于社会的发展，所以肯定会出现《著作权法》没有列举的作品类型，但只要满足作品的特征，尽管没有规定在法律中，也有可能属于《著作权法》保护的对象，享有著作权的主体可以行使专属于人身的发表权、署名权、修改权和保护作品完整权，以及行使可以直接获得财产利益的复制权、发行权、出租权、展览权、表演权、放映权等权利。著作人身权中的署名权、修改权和保护作品完整权，是与特定的人身相联系的权利，不因人的死亡而消失，因此受到法律永久保护，没有时间的限制；而著作财产权和发表权的保护期为作者有生之年及死亡后 50 年，截止于作者死亡后第 50 年的 12 月 31 日。如果主体是法人和其他组织的，保护期截止于作品首次发表后第 50 年的 12 月 31 日；但作品自创作完成后 50 年内未发表的，《著作权法》不再保护。

（二）专利权

专利权与商标权也被统称为工业产权。专利权包括发明专利、实用新型专利和外观设计专利。发明是指人类在利用自然、改造自然的过程中所创造出的具有积极意义并表现为技术形式的新的智力成果；实用新型专利是指对产品的形状、构造或者形状和构造的结合所提出的适用于实用的新的技术方案，也就是俗称的“小发明”；而外观设计专利是指关于产品的形状、图案、色彩或者其结合所提出富有美感的适用于工业应用的新设计。专利权是一项纯粹的财产权，专利权人享有制造、使用、销售、进口和许诺销售等实施专利的权利。在我国，不同类型的发明创造保护期限有所不同。《中华人民共和国专利法》（以下简称《专利法》）规定，发明专利的期限为20年；实用新型专利和外观设计专利的期限为10年，均自申请之日起计算。保护期结束，意味着该发明创造被公开，进入公有领域。

（三）商标权

商标权是商标所有人依法对其使用的商标所享有的权利，商标就是俗称的"牌子"，是指商品的生产者、经营者或者服务的提供者为了标明自己、区别他人，在自己的商品或服务上使用的标志，即由文字、图形、字母、数字、三维标志、颜色组合和声音等，以及上述要素的组合所构成的标志，简单来说就是商品的标记。根据《中华人民共和国商标法》（以下简称《商标法》）的规定，商标权人享有以下权利：（1）专有使用权。商标权人有权在其核定的商品和服务项目上使用其核准注册的商标，未经商标权人许可，任何人不能在同一种或类似的商品与服务上使用与其注册商标相同或者近似的商标。（2）商标处分权。商标权人有权按照自己的意志以许可、转让、出质和投资等方式处置其注册商标。除此之外，还有继承权、禁止他人使用等权利。我国注册商标的有效期为10年，自核准注册之日起计算。注册商标有效期满可以续展。商标权的续展是指通过一定程序，延续原注册商标的有效期限，使商标注册人继续保持其注册商标的专用权。《商标法》规定，注册商标有效期满需要继续使用的，应当在期满前6个月内申请续展注册。每次续展注册的有效期为10年。续展注册经核准后，予以公告。

（四）商业秘密

商业秘密是英语"tradesecret"一词的翻译，也被译成营业秘密、行业秘密、业务秘密等。根据《中华人民共和国反不正当竞争法》（以下简称《反不正当竞争法》）第九条第四款的规定，商业秘密是指不为公众所知悉、具有商业价值并经权利人采取相应保密措施的技术信息、经营信息等商业信息。根据这一规定，商业秘密的构成需要具备三个要件，一是秘密性，也叫"非公知性"，它是指商业秘密应当是非公开的、不为公众所知悉的信息。这里的"非公知"，并非指任何人都不知。一定范围的特定人知悉，不影响信息的秘密性。

二是价值性，是指该信息具有确定的可应用性，能为权利人带来现实的或者潜在的经济利益或者竞争优势。商业秘密具有商业价值，也是权利人追求商业秘密保护的目的。三是保密性，是指权利人采取的与商业秘密信息相适应的合理的保密措施，这是信息作为商业秘密获得法律保护的必要条件。通常而言，这种保密措施至少能够使交易对方或者第三人知道权利人有对相关信息保密的意图，或者至少能够使一般经营者以正常的注意力即可得出类似的结论。保密措施通常包括技术手段和制度手段，前者如设置密码、采取监控等；后者如订立保密协议、制定保密规章等。

在对知识产权进行初步了解后，我们会发现知识产权在生活中各个环节频繁现身。张某参与设计研发的二代机械将在未来 5 年成为公司的核心产品，公司对该技术进行了专利布局并最终取得了组合专利权；王某在前往贵州的飞机上购买了两瓶白酒，认准的是某知名酒厂生产的带有商标的高档酒；李某出差回南京，给亲友带了通州方柿，并向亲友介绍其是地理标志产品；赵某在《中国知识产权报》上发表了一篇论文，自创作完成之日起即享有了对该文章的著作权；知名网站购买取得了赵某"双十一值得买推荐榜单"的视频播放权；刘某跳槽偷偷带走了原公司大量的设计图纸和客户信息，涉嫌侵犯原公司的商业秘密。

三、知识产权有什么用

纵观世界各国，知识产权的发展和保护程度已成为衡量该国发展水平的指标之一。那么，为何要给予知识产权如此大的保护?

（一）知识产权是创新的"原动力"

保护知识产权的原因有很多种，最常见的解释为，创造智力成果需要投入人力财力，而知识产权是对已经投入的人力、财力的法律回馈。有了知识产权的保护，人们才有创新的动力，便能可持续地促进更多智力成果的出现，这便是知识产权的一大作用。

对于个人来说，日常生活中产出的智力成果以及工作中参与的职务作品或发明强有力的知识产权保护手段，有利于调动人们从事科技研究和文艺创作的积极性。知识产权保护制度致力于保护权利人在科技和文化领域的智力成果。只有对权利人的智力成果及其合法权利给予及时全面的保护，才能调动人们的创造主动性，促进社会资源的优化配置。

对于企业来说，在经济迅速发展的今天，企业只有不断创新，不断掌握有竞争力的技术，才能在市场上抢占先机，得到丰厚的回报。知识产权是企业创新能力的最好证明。越来越多的企业开始意识到技术、品牌、商业秘密等无形财产的巨大作用，而如何让这些无形资产逐步增值，有赖于对知识产权的合理保护。只有重视知识产权，公司才能更好地保护自己的利益不受侵犯，并且能更好地利用知识产权来鼓励员工创新、降低产品成本、增加企业利润、防止窃取研发成果，使企业在激烈的竞争中可以占领专利的制高点，从而使企业在复杂的经济环境中处于不败之地。

对于国家来说，知识产权的高水平保护是国家创新发展的制度保障。作为世界第二大经济体的中国，正在大力实施创新驱动发展战略，保护知识产权有利于增强我国自主创新能力，建设创新型国家。保护知识产权有利于构建创新的制度环境和市场环境，促进创新成果的大量涌现和广泛运用。如果没有知识产权保护，我国就不能顺利参与世界贸易活动，也不能在国际交流和合作中取得有利的地位。实际上，改革开放 40 多年以来，中国已经成为名副其实的知识产权大国，中国保护知识产权的举措取得了明显成效，为经济高质量发展营造了良好的创新和营商环境。随着知识产权保护的不断加强，中国的创新能力也在持续提升。

（二）知识产权能保证核心技术拥有者的利益

在很多企业中，掌握核心技术的员工都不愿意让他人使用自己的技术。有了知识产权的保护，即使让他人在一定范围内使用其核心技术，也能得到知识产权法律的保护，从中得到回报。

在《专利法》中存在一种专利实施许可制度，专利权人或经专利权人授权的人可以订立合同，许可另一方在约定的范围内实施专利技术。合同生效后，专利权仍掌握在专利权人手中，被许可实施该专利技术的人只享有一定范围内的实施权，并不享有完整的专利权。在该合同中，双方当事人可以对许可实施的范围、有效期、许可费的数额、违约责任等合同内容进行协商。专利权人可以利用这种合同在许可他人实施专利的同时保障自己对专利的占有、使用、收益、处分权。专利许可根据不同的许可权限，可以分为独占许可、排他许可和普通许可，不同的许可方式所能够使用专利的程度也不同。

1. 独占许可。就是独占实施许可，是指在一定时间内，在专利权的有效地域范围内，专利权人只许可一个被许可人实施其专利，并且专利权人自己也不得实施该专利。

2. 排他许可。就是在合同规定的期限和地域内，被许可方和许可方都对该技术及其产品拥有制造、使用和销售的权利，但许可方不能再将技术许可给第三方。

3. 普通许可。这是条件最简单的一种许可方式，也是最普遍的许可方式。就是在合同规定的期限和地域内，被许可方和许可方都对该技术及其产品拥有制造、使用和销售的权利，并且许可方还可以把技术许可给第三方。专利实施许可可以确保专利权人的专利产生永久性的收入，而这些收入一般会覆盖用于发明的时间和金钱。

和专利实施许可制度相似，《商标法》中也存在商标权许可使用制度，商标注册人可以订立合同允许他人在一定范围内使用其注册商标的行为。《著作权法》中也存在著作权许可使用制度、著作财产权转让制度等，这些制度的存在极大地保护了著作权人的合法权益，使其手中的技术能够变成源源不断的财富。

（三）知识产权是企业的“芯片”和“名片”

对于企业来说，专利和商标是最重要的两种知识产权。

专利是企业的“芯片”。专利成果是企业兴旺的重要支撑。首先，专利产品可以排除竞争对手的模仿与复制，提高专利产品在相关产品市场中的份额；其次，专利也是一种防御手段，一方面保护自己的产品不被侵权，另一方面防止自己的产品侵犯他人权利，拥有专利就如同多了一层保护屏障；最后，专利是企业增加收入来源的重要渠道。美国德州仪器（TI）公司每年仅向韩国三星集团转让专利的收入就高达 10 多亿美元，IBM 公司的专利收益占公司总收益的绝大部分[①]，好莱坞的主要收益已经不是电影收益，而是知识产权收益。实质上，很多公司已将知识产权视为一项资产，是投资收益的一部分。所以在当今经济快速发展的时代，知识产权对企业的发展有着十分重要的意义，企业建立和完善知识产权保护制度是必须考虑、实施的问题。

商标是企业的“名片”。商标凝聚着企业的智慧和劳动，是企业财富的一部分。作为企业“名片”的商标可以提高产品知名度，树立企业形象，便于消费者识别商品或服务来源，打造品牌效应。因此，企业的经营者必须重视商标的这一特殊作用，在质量可靠的前提下广泛宣传产品的商标，增加产品或服务的知名度，从而促进产品的销售，巩固其市场地位。随着品牌知名度的提高，商标具有的价值及其增值功能是不可估量的。可口可乐公司的创始人曾经说过，只要有可口可乐这个商标在手，即使可口可乐公司的有形资产一夜间化为乌有，可口可乐公司也马上可以靠该商标获得新的资金，进行新的生产。由此可见商标对于企业的重要价值。现在越来越多的国内企业逐渐意识到了商标的有形价值。商标不只是区别商品或服务的一个标志，而是承载商誉，使企业具有竞争力的工具之一。

（四）知识产权的取得和保护

1. 如何拥有自己的知识产权

拥有自己的知识产权的方式大致有两种。一种是自己依照相关法律的规定，按照相关程序注册申请获得，常被称为原始取得。另一种是通过合同转让、继承等方式从原来的知识产权所有人处获取，常被称为继受取得。从原始取得方式看，不同的知识产权取得的方式也有所不同。

对于著作权来说，《著作权法》采用自动保护原则，作品一经创作出来，就可以产生著作权，受到《著作权法》的保护，既不需要登记，也不需要注册，甚至不需要发表。所以从这种意义上来说，著作权不存在审批。但我国鼓励著作权的自愿登记，一般登记在中国版权保护中心或省级版权行政部门。登记的著作权可以更好地维护作者和其他权利人或使用者的合法权益，有助于

---

① 刘政. 论企业的核心竞争力与专利经营战略［J］. 商业时代，2018（10）.

解决因著作权归属或著作权侵权造成的纠纷，并能为解决著作权纠纷提供初步证据。

对于专利权来说，则采用申请取得原则，一项发明创造必须由申请人向政府部门提出专利申请，依照法定程序审查批准后，才能取得专利权。我国专利申请的审查审批部门是国家知识产权局专利局。在申请专利权时，要遵循诚实守信原则，保证申请文件齐全合法，主动维护审批秩序。不得损害他人在先的权利，也不得损害国家或公共利益。同时，要遵循四个原则，第一，书面原则。书面原则是指申请专利文件和办理专利申请的各种法定手续，都必须依法以书面形式办理，并按规定格式包括表格和要求撰写和填写。第二，先申请原则。两个或两个以上的申请人分别就同样的发明创造申请专利的，专利权应当授予最先申请的人。但如果是同一日申请的，则先进行协商，协商不成的，都驳回，各自作为商业秘密，平等保护。第三，单一性原则。单一性原则也称为“一发明一申请原则”，是指一份专利申请文件只能就一项发明创造提出专利申请。同样的发明创造只能授予一项专利权，但是，同一申请人同日对同样的发明创造既申请实用新型专利又申请发明专利，先获得的实用新型专利权尚未终止，且申请人声明放弃该实用新型专利权的，可以授予发明专利权。第四，优先权原则。专利申请人就其发明创造自第一次提出专利申请后，在法定期限内，又就相同主题的发明创造提出专利申请的，以其第一次申请的日期为其申请日，这种权利称为优先权。优先权可分为外国优先权和本国优先权。《专利法》规定，申请人自发明或实用新型在外国第一次提出专利申请之日起 12 个月内，或者自外观设计第一次提出专利申请之日起 6 个月内，又在中国就相同主题提出专利申请的，依照该国同中国签订的协议或者共同参加的国际条约，或者依照相互承认优先权的原则，可以享有优先权。申请人自发明或实用新型在中国第一次提出专利申请之日起 12 个月内，又就相同主题提出专利申请的，可以享有优先权，这种在国内申请的优先权即本国优先权。本国优先权不包括外观设计。

对于商标权来说，经核准注册的商标，商标申请人取得商标专用权。所谓商标专用权，是指商标注册人独占性享有该商标的权利，以核准注册的商标和核定使用的商品为限。我国商标注册的审查审批部门是国家知识产权局商标局。根据现行《商标法》第四条、第二十二条、第二十九条、第三十三条等规定，自然人、法人、其他组织在生产经营过程中，对其商品或服务需要取得商标专用权的，应当向商标局申请商标注册。申请商标注册应当根据分类表向商标局提交书面或电子注册申请，应当按规定填报使用商标的商品类别和商品名称。商标注册人可以通过一份申请就多个类别的商品申请注册同一商标，商标局收到注册申请后 9 个月内审查完毕，在审查过程中需要补充信息，可以要求申请人做出说明或修正，审查符合注册规定的予以初审公告，在初审公告 3 个月内没有异议的，发放商标注册证。我国自 2016 年起，极大地缩短了商标注册的时间，提高了效率，更好地保护了商标申请人的权利。

技术秘密等商业秘密因为不需要公开保护，所以不需要申请。商业秘密要通过企业内部的制度，以及与合作方签署协议等方式去保护。

2. 知识产权可以用来干什么

（1）打造专利技术的“护城河”

凡涉及技术方案的保护，大多数人都会通过申请专利来对自己的成果进行保护。随着经济、科学技术的不断发展，人们逐渐意识到科技成果的重要性，专利申请也越来越普遍。截至 2021 年底，我国发明专利有效量为 359.7 万件。

2022 年 2 月 10 日，世界知识产权组织（WIPO）公布全球各国专利申请量排名，中国专利申请量排名世界第一。中国在 2021 年的专利申请总量有 69540 件，排名世界第一，第二则是美国，其申请了 59570 件。中国专利申请量排名第一，背后的原因很简单，主要是我国越发重视科技领域的发展，在过去几十年的时间里，诞生了一大批强大的科技公司，如华为、平安科技、中兴通讯、大疆创新、腾讯科技以及京东方等。除此之外，共有 12 家中国企业登上全球科技公司专利申请量排行榜。从这个排行榜来看，华为凭借 6952 件专利位居全球第一，并连续 5 年独占鳌头。华为公司在专利申请上付出了巨大的精力，2020 年就拿出了 1418.9 亿元用于核心技术研发。

近几年，5G 技术开启全面覆盖模式，国家知识产权局知识产权发展研究中心有关报告显示，中国在 5G 通信产业中已取得显著成绩。当前全球声明的

5G 标准必要专利共 21 万余件，共涉及 4.7 万项专利族。在这些 5G 专利中，中国就占了 40% 的份额，排名第一，华为公司同样位居 5G 专利排名第一，占比 14%，可以说华为在这方面掌握了关键性的技术。如果短期内没有其他新的技术超越 5G，它基本上未来会占据主流，其他国家只要想建设这个网络，就避不开华为的专利。即使华为公司在专利领域已经取得如此大的成就，但谈及专利时，华为公司的创始人兼董事长任正非还是认为："理论上要想有突破，首先一定要保护知识产权，才会有投资的积极性、创新的动力。美国之所以这么厉害，是因为它严格保护知识产权，这样美国的创新环境才特别好，所以容易出现大公司。"

（2）筑牢技术秘密的"防火墙"

技术秘密是商业秘密的一种，商业秘密是不为公众所知悉、能为权利人带来经济利益、具有实用性并经权利人采取保密措施的技术信息和经营信息。其中的技术信息是指技术秘诀、工艺流程、设计图纸、技术数据、化学配方、制造方法、技术资料、技术情报等技术科学方面的专有知识，也就是技术秘密所保护的对象。我国知识产权有关法律中没有将商业秘密包含进来，但广义的《反不正当竞争法》中，有保护商业秘密的条款。《反不正当竞争法》第九条第一款规定经营者不得实施下列侵犯商业秘密的行为：（一）以盗窃、贿赂、欺诈、胁迫、电子侵入或者其他不正当手段获取权利人的商业秘密；（二）披露、使用或者允许他人使用以前项手段获取的权利人的商业秘密；（三）违反保密义务或者违反权利人有关保守商业秘密的要求，披露、使用或者允许他人使用其所掌握的商业秘密；（四）教唆、引诱、帮助他人违反保密义务或者违反权利人有关保守商业秘密的要求，获取、披露、使用或者允许他人使用权利人的商业秘密。此外，《刑法》中也规定有侵犯商业秘密的罪行。

2019 年深圳南山法院就审理了黄某瑜、王某侵犯中兴通讯股份有限公司（以下简称"中兴通讯"）商业秘密案。此案也入选了 2019 年度广东检察机关打击侵犯知识产权犯罪典型案例，该案同时也是国内首宗涉 5G 技术侵犯知识产权刑事案件。最终，法院审理认定黄某瑜、王某构成侵犯商业秘密罪，均判处有期徒刑三年，缓刑四年，并处罚金人民币 15 万元。中兴通讯表示，该二人侵犯的技术信息已应用在多个产品的设计与研发中，该产品已商用并在国内外销售，能够给中兴通讯带来经济利益，具有实用性。经鉴定，上述商业秘密的评估值为人民币 430 万元。

中兴通讯一直是我国 5G 领域的领军企业，在 5G 领域拥有多项自主知识产权。被告人黄某瑜和王某泄露的两份技术文档是中兴通讯在 5G 技术领域的重要技术资料。中兴通讯亦采取了保密措施，这些技术资料属于中兴通讯的商业秘密，应当受到法律的保护。

（3）知识产权受到侵害怎么办

在权利人的合法权益受到侵害时，权利人可以选择自行协商、行政保护或是司法保护。

① 自行协商

自行协商是解决知识产权纠纷的一大方式，但实际上，协商并不容易达成一致，调解可作为解决纠纷的另一方式。调解可以分为诉讼外调解和诉讼中调解（法院调解）。诉讼外调解的主持者可以是人民调解委员会、行政机关、仲裁机关或双方当事人所信赖的其他主体。除仲裁机关制作的调解书对当事人有约束力外，在其他机构或个人主持下达成调解协议而形成的调解书均无法律上的约束力。如果当事人对于调解的结果有异议，可向人民法院起诉。诉讼中调解（法院调解）指在民事诉讼中，由人民法院审判人员主持，经双方当事人自愿协商达成协议，以解决双方争议的诉讼活动及结案方式。知识产权法律制度的最终目的是保护知识产权成果的推广和运用，以促进社会经济和文化的发展。在法院审理知识产权案件中，通过判决方式来停止侵权，制止被告不法使用，虽然符合法律之规定，但会减少知识产权成果的再次传播和推广。而通过司法调解，不仅能有效引导当事人进行协商和利益补偿，往往还能把这种违法侵权关系引导转变为许可使用关系或者其他互利合作关系，从而实现智力创新成果的进一步推广和运用。

② 行政保护

知识产权的行政保护是指当出现知识产权纠纷时，当事人可以申请行政管理部门进行纠纷调解与保护。

当出现专利纠纷时，主管机关国家知识产权局和地方知识产权行政管理部门，负责对专利纠纷进行行政调处。《专利法》规定：未经专利权人许可，实施其专利，即侵犯其专利权，引起纠纷的，可以请求管理专利工作的部门处理。管理专利工作的部门处理时，认定侵权行为成立的，可以责令侵权人立即停止侵权行为，做出行政处罚；当事人不服的，可以申请行政复议或者直接向人民法院起诉；侵权人期满不起诉又不停止侵权行为的，管理专利工作的部门可以申请人民法院强制执行。进行处理的管理专利工作的部门应当事人的请求，可以就侵犯专利权的赔偿数额进行调解；调解不成的，当事人可以依照《中华人民共和国民事诉讼法》（以下简称《民事诉讼法》）向人民法院起诉。假冒他人专利的，除依法承担民事责任外，由管理专利工作的部门责令改正并予以公告，没收违法所得，可以并处违法所得 3 倍以下的罚款，没有违法所得的，可以处 5 万元以下的罚款；以非专利产品冒充专利产品、以非专利方法冒充专利方法的，由管理专利工作的部门责令改正并予以公告，可以处 5 万元以下的罚款。

当出现商标纠纷时，主管机关为侵权行为地的县级以上工商行政管理部门，负责对侵犯商标权的行为进行行政处罚。《商标法》规定：如果发生侵犯注册商标专用权行为，引起纠纷，商标注册人或者利害关系人可以请求工商行政管理部门处理。工商行政管理部门处理时，认定侵权行为成立的，责令立即停止侵权行为，没收、销毁侵权商品和专门用于制造侵权商品、伪造注册商标标识的工具，并可处以罚款。当事人对处理决定不服的，可以申请行政复议或者直接向人民法院起诉；侵权人期满不起诉又不履行的，工商行政管理部门可以申请人民法院强制执行。进行处理的工商行政管理部门根据当事人的请求，可以就侵犯商标专用权的赔偿数额进行调解；调解不成的，当事人可以依照《民事诉讼法》向人民法院起诉。对侵犯注册商标专用权的行为，工商行政管理部门有权依法查处。进行查处时，工商行政管理部门可以询问有关当事人，调查与侵犯他人注册商标专用权有关的情况；查阅、复制当事人与侵权活动有关的合同、发票、账簿以及其他有关资料；对当事人涉嫌从事侵犯他人注册商标专用权活动的场所实施现场检查；检查与侵权活动有关的物品；对有证据证明是侵犯他人注册商标专用权的物品，可以查封或者扣押。

当出现著作权纠纷时，主管机关为国家版权局和地方著作权行政管理部门，负责对侵犯著作权的行为进行行政处罚。《著作权法》规定：出现未经著作权人许可，复制、发行、表演、放映、广播、汇编、通过信息网络向公众传播其作品的；出版他人享有专有出版权的图书的；未经表演者许可，复制、发行录有其表演的录音录像制品，或者通过信息网络向公众传播其表演的；未经录音录像制作者许可，复制、发行、通过信息网络向公众传播其制作的录音录像制品的；未经许可，播放或者复制广播、电视的；未经著作权人或者与著作权有关的权利人许可，故意避开或者破坏权利人为其作品、录音录像制品等采取的保护著作权或者与著作权有关的权利的技术措施的，故意删除或者改变作品、录音录像制品等的权利管理电子信息的；制作、出售假冒他人署名的作品等上述侵权行为时，应当根据情况，承担停止侵害、消除影响、赔礼道歉、赔偿损失等民事责任；同时损害公共利益的，可以由著作权行政管理部门责令停止侵权行为，没收违法所得，没收、销毁侵权复制品，并可处以罚款；情节严重的，著作权行政管理部门还可以没收主要用于制作侵权复制品的材料、工具、设备等。

③ 司法保护

知识产权的司法保护是运用最为广泛的一种方式。对知识产权通过司法途径进行保护，即由享有知识产权的权利人或国家公诉人向法院对侵权人提起刑事、民事或行政诉讼，以追究侵权人的刑事、民事、行政责任。我们所熟知的"3Q"案、百度"MP3"案、"茶颜悦色"诉"茶颜观色"案等，都是通过司法方式进行知识产权的保护。［"3Q"案即腾讯科技（深圳）有限公司、深圳市腾讯计算机系统有限公司与北京奇虎科技有限公司、北京三际无限网络科技有限公司、奇智软件（北京）有限公司不正当竞争纠纷。百度"MP3"案即环球唱片有限公司、华纳唱片有限公司、索尼音乐娱乐香港有限公司与北京百度网讯科技有限公司侵害录音制作者权纠纷。"茶颜悦色"诉"茶颜观色"案即湖南茶悦文化产业发展集团有限公司诉广州洛旗餐饮有限公司不正当竞争案］

知识产权的案件包括公诉程序和自诉程序，如果是公诉案件，需要监察机关向法院审查起诉，需要公安机关对案件的证据材料进行收集，涉及检察机关、公安机关、法院三个司法机关的办案处理；如果是自诉案件，一般是权利人直接向法院起诉。

2014 年 8 月 31 日，第十二届全国人大常委会第十次会议表决通过了全国人大常委会关于在北京、上海、广州设立知识产权法院的决定。我国从此设立三个专门法院负责管辖部分知识产权案件。法律规定，知识产权法院管辖有关专利、植物新品种、集成电路布图设计、技术秘密等专业技术性较强的第一审知识产权民事和行政案件，知识产权法院对前述规定的案件实行跨区域管辖。“北上广”三地经济和科技发展水平较高，科技创新较为活跃，对科技创新的保护需求更为迫切。三地的知识产权案件尤其是涉及专利等技术的案件数量较多，迫切需要更加专业的法院和法官进行审理。

自诉案件也包括行政自诉，知识产权行政诉讼是指对于具有知识产权执法权的地方各级知识产权管理机关，可以对侵犯知识产权等违法行为进行处罚和调解，对该处罚或者调解决定不服的，可以向该行政机关所在地人民法院提起行政诉讼。

第二章

与知识产权相关的法律法规

法律法规是保护技术创新成果最重要的武器。为使我们的知识产权成果得到充分保护，我们必须熟悉知识产权相关的法律法规，以最有效的方式保护自身的权益。技术创新成果保护涉及的法律法规可以分为《民法典》、专门的知识产权法律法规和其他相关的法律法规。

知识产权是一种私权，当对知识产权进行许可、使用和转让等行为时，就会产生相应的民事法律关系。在我国，这些民事法律关系都由《民法典》来进行调整，《民法典》中规定了 6 种知识产权类型，并规定了知识产权的民法保护制度，与技术创新成果相关的合同等事务和纠纷，也都需要参考《民法典》。知识产权领域的专门性法律法规主要包括《专利法》《商标法》《著作权法》《集成电路布图设计保护条例》《植物新品种保护条例》等。其中，当技术创新成果需要保护时，主要使用《专利法》和《专利法实施细则》。当技术创新成果采取保密的方式更有利于保护时，我们也会用商业秘密的方式来保护创新成果。而关于商业秘密保护的法律法规主要规定在《反不正当竞争法》当中。其他相关的法律法规主要包括《中华人民共和国刑法》（以下简称《刑法》）、《中华人民共和国电子商务法》（以下简称《电子商务法》）和《中华人民共和国促进科技成果转化法》（以下简称《促进科技成果转化法》）。侵犯技术创新成果的行为还可能构成《刑法》规定的犯罪行为，需要了解《刑法》以维护自身的合法权益。当技术创新成果转化为产品在网络销售时，为了维护自身的知识产权不受侵犯，还应当参考《电子商务法》中关于电商知识产权保护的相关条文。如果技术创新成果属于通过科学研究与技术开发所产生的具有实用价值的成果，还需要参考专门促进科技成果转化的《促进科技成果转化法》。

本章节将着眼于以上提到的相关法律法规，对这些法律法规中与技术创新成果和知识产权相关的内容进行系统解读。通过系统解读，带您了解相关法律法规的立法宗旨、体系架构以及与技术创新成果相关的具体内容，为技术创新成果的创造、保护和运用提供有益参考。

一、《民法典》中涉及知识产权的相关法条

民法是规定并调整平等主体的自然人、法人及非法人组织之间的人身关系和财产关系的法律规范的总称，民法即生活本身。而《民法典》是新中国成立以来第一部以法典命名的法律，在法律体系中居于基础性地位，是市场经济的基本法、保护民事权利的宣言书，被称为我国“社会生活的百科全书”。

《民法典》是私法，同时也是私法领域的基本法。因此，《民法典》对于其他私法规范的制定具有指导性作用，《民法典》所确立的基本原则、基本规则能够体现私法的基本价值。在《民法典》中对知识产权也有相关规定，并且这些规定是基础性、指导性的，需要职工进行学习和了解。

目前，我国《民法典》中与知识产权相关的条文散见在总则、物权、合同、人格权、婚姻家庭和侵权责任编，总共包括十个方面的内容。

表 2 《民法典》中主要知识产权条款

序号	所属编名	主要知识产权条款
1	总则编	第一百二十三条：知识产权的定义及范围
2	物权编	第四百四十条、第四百四十四条、第四百四十五条：知识产权质押的相关规定
3	合同编	第五百零一条：订立合同中保守商业秘密条款 第六百条：具有知识产权的标的物转让规则 第八百八十三条至第八百八十七条：技术合同的相关规定
4	人格权编	第一千零一十七条：字号的保护条款 第一千零一十九条：作品不得侵害肖像权的条款 第一千零二十七条：作品不得侵害名誉权的条款
5	婚姻家庭编	第一千零六十二条：婚姻中知识产权收益的分配规则
6	侵权责任编	第一千一百八十五条：知识产权惩罚性赔偿规定

二、知识产权领域的相关法律

（一）《专利法》和《专利法实施细则》

《专利法》是一部由全国人大发布的，规定专利权的取得、侵权与保护以及运用相关规则的专门法律。1984 年，中国首部《专利法》在全国人大表决通过并在 1985 年正式实施。到目前，中国《专利法》已经经过了 4 次修改，目前正在实施的是 2020 年公布的《专利法》。《专利法实施细则》则是由国务院发布的，对《专利法》作出细化规定的行政法规。《专利法实施细则》自 1985 年公布至今，也根据《专利法》的修改作出了 3 次适应性修改。自 2020 年《专利法》修改以来，《专利法实施细则》还未进行适应性的修改，目前仍生效实施的《专利法实施细则》是 2010 年修改之后的版本。

《专利法》第一章第一条就开宗明义地指出，为了保护专利权人的合法权益，鼓励发明创造，推动发明创造的应用，提高创新能力，促进科学技术进步和经济社会发展，制定本法。可见，《专利法》的立法宗旨就是要鼓励技术创新，保护发明创造，为科技进步和经济社会发展提供规则和制度支撑。同时，作为《专利法》的细化规定，《专利法实施细则》也同样是依照以上宗旨制定的。

在体系架构上，《专利法》和《专利法实施细则》都主要围绕专利权的申请、审查、授权、实施和保护等各个事项开展。其中，《专利法》共有八个章节，分别是总则，授予专利权的条件，专利的申请，专利申请的审查和批准，专利权的期限、终止和无效，专利实施的特别许可，专利权的保护和附则。《专利法实施细则》共有十一个章节，分别是总则，专利的申请，专利申请的审查和批准，专利申请的复审与专利权的无效宣告，专利实施的强制许可，对联名发明创造的发明人或者设计人的奖励和报酬，专利权的保护，专利登记和专利公报，费用以及关于国际申请的特别规定和附则。总结来看，要对《专利法》和《专利法实施细则》有更加全面的认识，可以从专利申请、专利审查、专利授权、专利保护和专利运用五方面来熟悉和学习《专利法》和《专利法实施细则》。

1. 专利申请相关规定及解读

根据《专利法》第三条第一款规定，国家知识产权局负责管理全国的专利工作，统一受理和审查专利申请，依法授予专利权。因此，技术创新成果要想获得专利权的保护，必须向国家知识产权局递交专利申请，请求国家知识产权局对相关技术进行审查，作出是否授予专利权的决定。对于申请专利应当提交哪些材料、材料提交的要求以及专利申请日的确定，《专利法》与《专利法实施细则》第二章都做了详细规定。

对于不同的专利类型，需要提交不同的材料。根据《专利法》第二十六条第一款和第二十七条第一款规定，对于申请发明或者实用新型专利的，应当提交请求书、说明书及其摘要和权利要求书等文件。申请外观设计专利的，应当提交请求书、该外观设计的图片或者照片以及对该外观设计的简要说明等文件。

表 3　各类型专利申请需提交的材料

需提交的材料	发明或实用新型	外观设计
请求书	✓	✓
说明书及其摘要	✓	
权利要求书	✓	
图片或者照片		✓
对该外观设计的简要说明		✓

相关条文中还详细规定了这些材料的撰写和提交要求。请求书是任何专利申请都必须提交的材料，在请求书中应当写明发明、实用新型或者外观设计的名称，发明人或者设计人的姓名、地址等信息，如有委托专利代理机构的，还需要填写代理机构的相关信息。说明书的作用是清楚、完整地对发明或者实用新型作出说明，以本领域技术人员能够理解和实现发明为标准。为实现上述标准，说明书应当包括该项技术的五项内容：技术领域、背景技术、发明内容、附图说明和具体实施方式。在撰写时，应当用词规范、语句清楚，不得使用商业性宣传用语。实用新型专利申请说明书应当表述要求保护的产品的形状、构

造或者其结合的附图。权利要求书应当记载发明或者实用新型的技术特征，以说明书作为依据，清楚、简要地限定要求专利保护的范围。如果权利要求书有几项权利要求的，应当用阿拉伯数字顺序编号。如果外观设计的申请人要求保护该设计的色彩，应当提交彩色图片或者照片。外观设计的简要说明应当写明外观设计产品的名称、用途和设计要点，并指定一幅最能表明设计要点的图片或者照片。对同一产品的多项相似外观设计提出一件外观设计专利申请的，应当在简要说明中指定其中一项作为基本设计。简要说明不得使用商业性宣传用语，也不能用来说明产品的性能。

专利申请日是划定发明创造与现有技术或现有设计时间界限的关键日期，就同样的发明创造申请专利，只有专利申请日在先的发明能够获得专利授权。因此，只有了解并掌握相关法律中专利申请日的确定规则，才能更好地保护技术创新成果。一般来说，国家知识产权局收到专利申请文件之日为申请日，如果申请文件是邮寄的，以寄出的邮戳日为申请日。但如果在此次专利申请之前，申请人已经就此项技术提出过专利申请，便可以申请享有优先权。根据《专利法》第二十九条和《专利法实施细则》第三十一条、第三十二条的相关规定，优先权可以分为外国优先权和本国优先权，两种优先权所要求提出申请的时限是一样的，但申请人获得优先权的依据是不同的。申请人自发明或者实用新型在外国第一次提出专利申请之日起 12 个月内，或者自外观设计在外国第一次提出专利申请之日起 6 个月内，又在中国就相同主题提出专利申请的，依照该国同中国签订的协议或者共同参加的国际条约，或者依照相互承认优先权的原则，可以享有优先权。

申请人自发明或者实用新型在中国第一次提出专利申请之日起 12 个月内，或者自外观设计在中国第一次提出专利申请之日起 6 个月内，又向国务院专利行政部门就相同主题提出专利申请的，可以享有优先权。

提出优先权申请时，权利人应当提出书面声明。申请人要求发明、实用新型专利优先权的，应当在第一次提出申请之日起 16 个月内，提交第一次提出的专利申请文件的副本。申请人要求外观设计专利优先权的，应当在 3 个月内提交第一次提出的专利申请文件的副本。申请人未提出书面声明或者逾期未提交专利申请文件副本的，视为未要求优先权。如果权利人要求多项优先权的，该申请的优先权期限从最早的优先权日起计算。

表 4 《专利法》中优先权的相关规定

优先权类型 相关事项	外国优先权		本国优先权	
	发明和实用新型专利	外观设计专利	发明和实用新型专利	外观设计专利
提出优先权的时间限制	自第一次提出申请 12 个月内	自第一次提出申请 6 个月内	自第一次提出申请 12 个月内	自第一次提出申请 6 个月内
获得优先权的依据	依照该国同中国签订的协议或者共同参加的国际条约，或者依照相互承认优先权的原则		依照之前在本国在先申请的专利	
提出声明的方式	在申请时提出书面声明		在申请时提出书面声明	
提交第一次专利申请文件副本的时间	第一次提出申请之日起 16 个月内		在此次申请提交之后 3 个月内	

2. 专利审查相关规定及解读

在权利人的专利申请提交之后，国家知识产权局会对权利人的专利申请进行审查。专利审查分为初步审查和实质审查两部分。根据《专利法》第四十条规定，实用新型和外观设计专利只需要进行初步审查，如经过初步审查没有发现驳回理由，国家知识产权局便可作出授予实用新型专利权或者外观设计专利权的决定，发给专利证书。根据《专利法》第三十四条至第三十九条规定，对于发明专利，国家知识产权局不仅会进行初步审查，同时会进行实质审查。经过初步审查合格的发明专利，自申请日起 3 年内，申请人可以随时向国家知识产权局提出对其申请进行实质审查的请求，国家知识产权局认为必要时，也可自行对发明专利申请进行实质审查。申请人无正当理由逾期不请求实质审查的，该申请即被视为撤回。在对发明专利进行实质审查时，如果国家知识产权局认为该专利申请符合授权的条件，作出授予发明专利权的决定，发给发明专利证书。如果认为此专利申请不符合授权的条件，应当通知申请人，要求其陈述意见，或者对其申请进行修改。发明专利申请经申请人陈述意见或者进行修改后，国家知识产权局仍然认为不符合该法规定的，应当予以驳回。

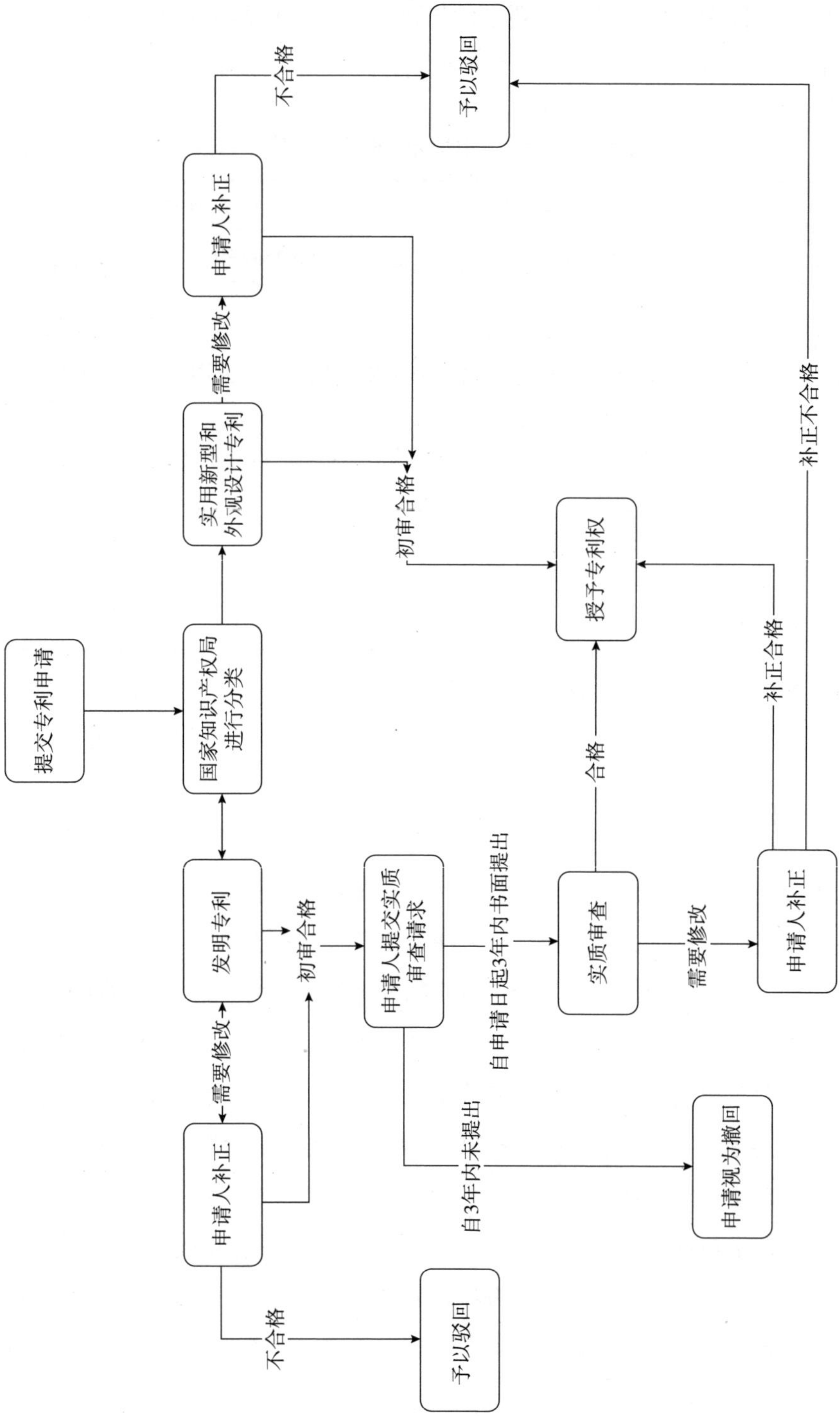
提交专利申请
国家知识产权局进行分类
发明专利
实用新型和外观设计专利
需要修改
申请人补正
不合格
予以驳回
初审合格
申请人提交实质审查请求
自申请日起3年内书面提出
自3年内未提出
申请视为撤回
实质审查
合格
授予专利权
需要修改
申请人补正
补正合格
补正不合格
予以驳回
需要修改
申请人补正
初审合格
不合格
予以驳回

图 1　专利申请流程图

当专利申请被驳回之后，如果申请人不服，可以自收到通知之日起 3 个月内，向国务院专利行政部门请求复审。国家知识产权局复审后，作出决定，并通知专利申请人。专利申请人对国家知识产权局的复审决定不服的，可以自收到通知之日起 3 个月内向人民法院起诉。

3. 专利授权相关规定及解读

当专利申请通过专利审查之后，便会被国家知识产权局授予专利权。为了使我们的专利申请能够获得通过，我们应当对专利申请被授权的实质要件、专利权利的归属和期限以及专利权无效的概念等进行了解，让我们的技术创新成果顺利获得专利权的保护，并将专利权的有效性持续保护下去。

《专利法》第二章用专章规定了授予专利权的条件。对于发明和实用新型专利来说，要被成功授权，应当具备新颖性、创造性和实用性。这三个条件对于发明或实用新型专利获得授权缺一不可。其中，新颖性和创造性都是相对于现有技术来说的，体现了专利鼓励创新的特点。现有技术指的是在专利申请日以前在国内外为公众所知的技术。新颖性要求该发明或者实用新型不属于现有技术；也没有任何单位或者个人就同样的发明或者实用新型在申请日以前向国家知识产权局提出过申请，并记载在申请日以后公布的专利申请文件或者公告的专利文件中。创造性要求该发明与现有技术相比，具有突出的实质性特点和显著的进步，该实用新型具有实质性特点和进步。而实用性是指该发明或者实用新型能够制造或者使用，并且能产生积极效果。如果专利无法被制作或使用，或者制作或使用之后无法产生积极效果，就无法达到促进经济发展的效果，也就不能被授予专利权。

对于外观设计专利来说，要想获得专利授权，应当具备新颖性和创造性。其中，新颖性是指此外观设计不属于现有设计；也没有任何单位或者个人就同样的外观设计在申请日以前向国家知识产权局提出过申请，并记载在申请日以后公告的专利文件中。现有设计是指申请日以前在国内外为公众所知的设计。创造性是指被授予专利权的外观设计与现有设计或者现有设计特征的组合相比，应当具有明显区别。授予专利权的外观设计不得与他人在申请日以前已经取得的合法权利相冲突。

对于职工技术创新成果来说，在专利申请和授权过程中有一个绕不开的特殊话题，那就是职务作品。关于职务作品的相关规定，见于《专利法》第六条、第七条、第十五条和《专利法实施细则》第十二条和第十三条。职工作为发明人或者设计人的技术创新成果，在单位和职工之间没有约定的前提下，如果是执行本单位的任务，或者主要利用本单位的物质技术条件所完成的发明创造，便是职务发明创造。根据《专利法》的相关规定，职务发明创造的专利申请权和专利权都属于单位。单位可以依法处置相关的专利申请权和专利权，促进相关发明创造的实施和运用。属于职务发明创造的，如果单位与职工之间另有约定，则依从其约定。如果职工是自行进行的发明创造，没有依靠单位的物质技术条件，则职工作为发明人或设计人，享有专利申请权和专利权。

虽然职务发明的专利权属于单位，但在职务作品被发明后，职工还享有获得奖励和合理报酬的权利。根据《专利法》第十五条，被授予专利权的单位应当对职务发明创造的发明人或者设计人给予奖励；发明创造专利实施后，根据其推广应用的范围和取得的经济效益，对发明人或者设计人给予合理的报酬。国家鼓励被授予专利权的单位实行产权激励，采取股权、期权、分红等方式，使发明人或者设计人合理分享创新收益。关于报酬和奖励的具体数额，《专利法实施细则》第六章设置了“对职务发明创造的发明人或者设计人的奖励和报酬”专章，其中第七十六条至第七十八条规定，被授予专利权的单位与发明人、设计人之间可以约定，或者在其依法制定的规章制度中规定奖励和报酬的方式和数额。如果没有相关约定和规章制度，应当在专利权公告之日起 3 个月内发给发明人或者设计人奖金。一项发明专利的奖金最低不少于 3000 元；一项实用新型专利或者外观设计专利的奖金最低不少于 1000 元。对于相关报酬，在专利权有效期限内，实施发明创造专利后，每年应当从实施该项发明或者实用新型专利的营业利润中提取不低于 2% 或者从实施该项外观设计专利的营业利润中提取不低于 0.2%，作为报酬给予发明人或者设计人，或者参照上述比例，给予发明人或者设计人一次性报酬；被授予专利权的单位许可其他单位或者个人实施其专利的，应当从收取的使用费中提取不低于 10%，作为报酬给予发明人或者设计人。

表 5　职务发明的发明人、设计人法定奖励和报酬

专利类型	奖励	报酬
发明专利	不少于 3000 元 / 项	不低于实施该专利的营业利润的 2% 和许可他人的专利许可费的不低于 10%
实用新型专利	不少于 1000 元 / 项	不低于实施该专利的营业利润的 2% 和专利许可费的不低于 10%
外观设计专利	不少于 1000 元 / 项	不低于实施该专利的营业利润的 0.2% 和专利许可费的不低于 10%

专利权被授予之后，并非就“一劳永逸”了，专利权是有期限的，到期之后权利人便不再享有专利权，且为了维持专利权利的有效性，权利人必须每年缴纳专利年费。根据《专利法》第四十二条规定，发明专利权的期限为 20 年，实用新型专利权的期限为 10 年，外观设计专利权的期限为 15 年，均自申请日起计算。对于发明专利和药品专利，对于授权过程中的不合理延迟以及新药上市审评审批所占据的时间，专利权人有权申请专利权期限补偿。

另外，当专利被授权之后，还有被无效的风险，职工也要了解专利无效方面的规定，以合理地应对就专利提出的无效请求。专利被授权之后，国家知识产权局便会进行公告，根据《专利法》第四十五条和《专利法实施细则》第六十五条至第七十二条的规定，自公告之日起，任何单位或者个人认为该专利权的授予不符合本法有关规定的，可以请求国家知识产权局宣告该专利权无效。国家知识产权局对宣告专利权无效的请求应当及时审查和作出决定，并通知请求人和专利权人。此时，作为专利权人，可以在指定期限内答复相关审查通知书，作出陈述，在审查过程中，可以在不扩大原专利保护范围的前提下，修改权利要求书，或者可以请求专利复审委员会对无效请求进行口头审理。当然，如果发现已有专利存在无效的事由，我们也可以自行向国家知识产权局提出专利无效的请求，请求宣告相关专利无效。

4. 专利运用相关规定及解读

用专利保护技术创新成果的终点并不在于获得专利证书，而是要让其实施和利用起来，不能只是“束之高阁”，要让技术创新成果真正转化为生产力。专利实施具体包括制造、使用、许诺销售、销售、进口专利产品；使用专利方法以及使用、许诺销售、销售、进口依照该专利方法直接获得的产品的行为。在不违反法律的前提下，专利权人可以自由地处理自己的专利，既可以自己实施专利，也可以许可他人实施专利。

依照许可范围的大小，可以将专利许可分为普通许可、排他许可和独占许可。普通许可是指专利权人许可他人在合同约定的地域、期限及方式的范围内实施其专利技术，且专利权人不仅可以自行实施该专利技术，同时仍有权继续许可第三方实施该专利技术。排他许可是指专利权人许可他人在合同约定的地域、期限及方式的范围内实施其专利技术，也可自行实施该专利技术，但不得再另外许可第三方实施该专利技术。独占许可是指专利权人许可他人在合同约定的地域、期限和方式的范围内实施其专利技术，且专利权人既不得另外再向第三方许可实施专利技术，也不得自行再实施该专利技术。

5. 专利保护相关规定及解读

关于专利的保护，职工需要了解专利保护的范围和侵犯专利权的表现形式，这样才能有理有据地应对专利侵权行为。

关于专利的保护范围，《专利法》第六十四条规定，发明或者实用新型专利权的保护范围以其权利要求的内容为准，说明书及附图可以用于解释权利要求的内容。外观设计专利权的保护范围以表示在图片或者照片中的该产品的外观设计为准，简要说明可以用于解释图片或者照片所表示的该产品的外观设计。

结合前面章节中提到的专利申请需要提交的材料，可以看出，发明或实用新型专利的保护范围以权利要求书记载的内容为准，而外观设计专利的保护范围以表示在图片或者照片中该产品的外观设计为准。因此，当遇到专利侵权纠纷时，行政部门和司法部门也会以发明或实用新型专利的权利要求书以及外观设计专利的图片或照片作为主要参考来进行处理。

（二）《反不正当竞争法》

《反不正当竞争法》是我国为了促进社会主义市场经济健康发展，鼓励和保护公平竞争，制止不正当竞争行为，保护经营者和消费者的合法权益所制定的专门法。在《反不正当竞争法》中规定了多种被法律禁止的不正当竞争行为，其中就有侵犯商业秘密的行为。而当技术创新成果不适宜用专利来保护时，我们也会经常用商业秘密来保护技术创新成果。因此，我们需要了解商业秘密的定义、侵犯商业秘密的行为等，这些在《反不正当竞争法》里都有相关规定。

《反不正当竞争法》第九条明确规定了商业秘密的定义。第九条第四款规定，本法所称的商业秘密，是指不为公众所知悉、具有商业价值并经权利人采取相应保密措施的技术信息、经营信息等商业信息。可以看出，商业秘密的本质是信息，且必须是技术信息和经营信息等商业秘密。同时，技术信息和经营信息要想成为商业秘密，就要满足以下三个条件：一是不为公众所知悉；二是该信息具有商业价值；三是权利人需要采取相应的保密措施。三个条件不论哪个条件不满足，都不能被称为商业秘密，也不能获得《反不正当竞争法》的保护。

关于侵犯商业秘密的行为类型，《反不正当竞争法》第九条也有具体规定：一是不正当获取他人商业秘密的行为；二是披露、使用或者允许他人使用不正当获取商业秘密的行为；三是虽是正当获取的商业秘密，但违反保密义务和要求，披露、使用或者允许他人使用其所掌握的商业秘密；四是教唆、引诱、帮助他人违反保密义务或要求，获取、披露、使用或者允许他人使用商业秘密的行为。其中，不正当获取商业秘密的手段包括盗窃、贿赂、欺诈、胁迫、电子侵入或者其他不正当手段。

三、其他法律中涉及知识产权的法条解读

（一）《刑法》中涉及知识产权的相关法条解读

《刑法》是规定犯罪及其法律后果（主要是刑罚）的法律规范。从体系上来看，我国的《刑法》分为总则和分则两大部分。其中总则主要讲述关于犯罪及其法律后果的一般原理、原则，而分则根据犯罪侵害的权益不同，将犯罪行为进行分类，主要规定具体罪名的表现形式、构成要件和刑罚的设置等。在《刑法》分则中，第三章“破坏社会主义市场经济秩序罪”第七节专门规定了侵犯知识产权的相关罪名，而该节也是我们需要主要了解的内容。

在《刑法》中提到的知识产权相关的犯罪行为有假冒注册商标罪；销售假冒注册商标的商品罪；非法制造、销售非法制造的注册商标标识罪；假冒专利

罪；侵犯著作权罪；销售侵权复制品罪；侵犯商业秘密罪；为境外窃取、刺探、收买、非法提供商业秘密罪和单位侵犯知识产权罪等九个罪名。其中，大多数的此类犯罪都是未经知识产权权利人的许可，使用或者销售使用该知识产权的产品的犯罪行为。而对于商业秘密来说，侵犯商业秘密的犯罪行为主要是对商业秘密的非法泄露或者是为境外窃取、刺探、收买、非法提供商业秘密。

关于知识产权相关犯罪的刑罚，起刑一般都是三年以下有期徒刑、并处或单处罚金。如果情节特别严重的，处三年以上十年以下有期徒刑，并处罚金。对于销售侵权复制品罪和为境外窃取、刺探、收买、非法提供商业秘密罪两个罪名，其起刑为五年以下有期徒刑、并处罚金；情节特别严重的，可能被处以五年以上有期徒刑，并处罚金。值得注意的是，由于侵犯知识产权的犯罪行为经常是由单位作出的，单位实施这些侵犯知识产权的犯罪，也会受到相应的处罚。对单位通常会判处罚金，并对其直接负责的主管人员和其他直接责任人员，会依照其所犯的具体罪名进行具体的处罚。

表 6 《刑法》中涉及知识产权侵权的法条

序号	条款	具体内容
1	假冒注册商标罪	第二百一十三条　未经注册商标所有人许可，在同一种商品、服务上使用与其注册商标相同的商标，情节严重的，处三年以下有期徒刑，并处或者单处罚金；情节特别严重的，处三年以上十年以下有期徒刑，并处罚金。
2	销售假冒注册商标的商品罪	第二百一十四条　销售明知是假冒注册商标的商品，违法所得数额较大或者有其他严重情节的，处三年以下有期徒刑，并处或者单处罚金；违法所得数额巨大或者有其他特别严重情节的，处三年以上十年以下有期徒刑，并处罚金。
3	非法制造、销售非法制造的注册商标标识罪	第二百一十五条　伪造、擅自制造他人注册商标标识或者销售伪造、擅自制造的注册商标标识，情节严重的，处三年以下有期徒刑，并处或者单处罚金；情节特别严重的，处三年以上十年以下有期徒刑，并处罚金。
4	假冒专利罪	第二百一十六条　假冒他人专利，情节严重的，处三年以下有期徒刑或者拘役，并处或者单处罚金。

续　表

序号	条款	具体内容
5	侵犯著作权罪	第二百一十七条　以营利为目的，有下列侵犯著作权或者与著作权有关的权利的情形之一，违法所得数额较大或者有其他严重情节的，处三年以下有期徒刑，并处或者单处罚金；违法所得数额巨大或者有其他特别严重情节的，处三年以上十年以下有期徒刑，并处罚金： （一）未经著作权人许可，复制发行、通过信息网络向公众传播其文字作品、音乐、美术、视听作品、计算机软件及法律、行政法规规定的其他作品的； （二）出版他人享有专有出版权的图书的； （三）未经录音录像制作者许可，复制发行、通过信息网络向公众传播其制作的录音录像的； （四）未经表演者许可，复制发行录有其表演的录音录像制品，或者通过信息网络向公众传播其表演的； （五）制作、出售假冒他人署名的美术作品的； （六）未经著作权人或者与著作权有关的权利人许可，故意避开或者破坏权利人为其作品、录音录像制品等采取的保护著作权或者与著作权有关的权利的技术措施的。
6	销售侵权复制品罪	第二百一十八条　以营利为目的，销售明知是本法第二百一十七条规定的侵权复制品，违法所得数额巨大或者有其他严重情节的，处五年以下有期徒刑，并处或者单处罚金。
7	侵犯商业秘密罪	第二百一十九条　有下列侵犯商业秘密行为之一，情节严重的，处三年以下有期徒刑，并处或者单处罚金；情节特别严重的，处三年以上十年以下有期徒刑，并处罚金： （一）以盗窃、贿赂、欺诈、胁迫、电子侵入或者其他不正当手段获取权利人的商业秘密的； （二）披露、使用或者允许他人使用以前项手段获取的权利人的商业秘密的； （三）违反保密义务或者违反权利人有关保守商业秘密的要求，披露、使用或者允许他人使用其所掌握的商业秘密的。 明知前款所列行为，获取、披露、使用或者允许他人使用该商业秘密的，以侵犯商业秘密论。 本条所称权利人，是指商业秘密的所有人和经商业秘密所有人许可的商业秘密使用人。
8	为境外窃取、刺探、收买、非法提供商业秘密罪	第二百一十九条之一　为境外的机构、组织、人员窃取、刺探、收买、非法提供商业秘密的，处五年以下有期徒刑，并处或者单处罚金；情节严重的，处五年以上有期徒刑，并处罚金。

续 表

序号	条款	具体内容
9	单位犯侵犯知识产权罪的处罚规定	第二百二十条　单位犯本节第二百一十三条至第二百一十九条之一规定之罪的，对单位判处罚金，并对其直接负责的主管人员和其他直接责任人员，依照本节各该条的规定处罚。

（二）《促进科技成果转化法》中涉及知识产权的相关法条解读

根据《促进科技成果转化法》第一条规定，此法的立法宗旨是为了促进科技成果转化为现实生产力，规范科技成果转化活动，加速科学技术进步，推动经济建设和社会发展。实质上，该法设立的根本目的，就是去除科技成果转化道路上的障碍，促进科技成果转化和有效运用。对于职工来说，我们首先应当了解科技成果的定义和类型，只有这样才能确定我们所创造的技术创新成果是否属于科技成果的范围，是否能够受到《促进科技成果转化法》的保护。其次，对于职工来说，如果他的技术创新成果属于科技成果，如果此成果完成了转化，就此成果他能够享有什么权益。最后，由于科技成果的特殊性，我们还应当了解，在科技成果的转化中有什么限制，避免在工作中出现失误。

关于科技成果的定义，根据《促进科技成果转化法》第二条第一款规定，本法所称科技成果，是指通过科学研究与技术开发所产生的具有实用价值的成果。因此，凡是属于科学研究与技术开发所产生的具有实用价值的成果，都属于科技成果。结合我国的国情，对于许多在国企、央企或科研院所工作的技术开发人员，其所创造的具有实用性的成果，一般都属于科技成果。大多数情况下，这些成果都离不开科研机构、高等院校和企业等单位的参与，并且在不少情况中，科技成果其实是上述单位的工作任务，或者主要利用上述单位的物质技术条件所完成的科技成果。执行研究开发机构、高等院校和企业等单位的工作任务，或者主要是利用上述单位的物质技术条件所完成的科技成果，就是职务科技成果。而根据该法第二条第二款的规定，科技成果的转化，是指为提高生产力水平而对科技成果所进行的后续试验、开发、应用、推广直至形成新技术、新工艺、新材料、新产品，发展新产业等活动。

根据科技项目是不是利用财政资金设立的，可以将科技成果分为财政资金支持的科技成果和非财政资金支持的科技成果。根据科技成果是不是完成单位的工作任务，或者是主要利用单位的物质技术条件所完成的，可以将科学技术成果分为职务科技成果和非职务科技成果。

关于科技成果的转化方式，《促进科技成果转化法》第十六条明确规定，科技成果持有者可以采用下列方式进行科技成果转化：自行投资实施转化；向他人转让该科技成果；许可他人使用该科技成果；以该科技成果作为合作条件，与他人共同实施转化；以该科技成果作价投资，折算股份或者出资比例以及其他协商确定的方式。

对于职工来说，我们最需要了解的内容，就是当科技成果属于职务科技成果，作为成果的创造者，我们有何权益。如果职工的单位属于国家设立的研究开发机构、高等院校，那么此类科技成果的转化所获得的收入全部留归本单位，但对完成、转化职务科技成果作出重要贡献的人员可以给予奖励和报酬。关于奖励和报酬的具体数额，可以由科技成果完成单位规定或者与科技人员约定相应的方式、数额和时限。单位制定相关规定，应当充分听取本单位科技人员的意见，并在本单位公开相关规定。

科技成果完成单位未规定、也未与科技人员约定奖励和报酬的方式和数额的，《促进科技成果转化法》第四十五条规定了相应的标准。如果将该项职务科技成果转让、许可给他人实施的，从该项科技成果转让净收入或者许可净收入中提取不低于 50% 的比例；如果利用该项职务科技成果作价投资的，从该项科技成果形成的股份或者出资比例中提取不低于 50% 的比例；如果将该项职务科技成果自行实施或者与他人合作实施的，应当在实施转化成功投产后连续 3 至 5 年，每年从实施该项科技成果的营业利润中提取不低于 5% 的比例。同时，国有企业、事业单位依照本法规定对完成、转化职务科技成果作出重要贡献的人员给予奖励和报酬的支出计入当年本单位工资总额，但不受当年本单位工资总额限制、不纳入本单位工资总额基数。

由于科技成果的性质特殊，因此在转化的过程把控、转化收入的去向等方面也有一些限制。国家设立的研究开发机构、高等院校科技成果转化所得的收入，在对完成、转化职务科技成果作出重要贡献的人员给予奖励和报酬后，主要应当用于科学技术研究开发与成果转化等相关工作。企业、事业单位应当建立健全技术秘密保护制度，保护本单位的技术秘密。职工应当遵守本单位的技术秘密保护制度。企业、事业单位可以与参加科技成果转化的有关人员签订在职期间及离职、离休、退休后一定期限内保守本单位技术秘密的协议；有关人员不得违反协议约定，泄露本单位的技术秘密和从事与原单位相同的科技成果转化活动。职工不得将职务科技成果擅自转让或者变相转让。

（三）《电子商务法》中涉及知识产权的相关法条解读

《电子商务法》顾名思义是我国规范电子商务行为、维护市场秩序而起草的专门立法，相对于本章提到的其他法律来说，《电子商务法》是我国在 2018 年才首次制定的法律，自 2019 年 1 月 1 日起正式实施。但是，当网购已经成为我们日常生活的一部分，这部新生的法律与我们的关系却越来越紧密。在职工的技术创新成果保护方面，当职工的技术创新成果已被成功转化为产品在网络中销售时，或者是有其他人未经许可，仿冒职工的技术创新成果制造产品，并在网络中销售时，我们都需要了解《电子商务法》的相关规定，以维护自己的合法权益。

在《电子商务法》中，与知识产权相关的主要有六个条款，分别是第五条和第四十一条至第四十五条，其中第五条明确提出了电子商务经营者从事经营活动应当履行知识产权保护的义务；而第四十一条至第四十五条，则是规定了履行知识产权保护义务时电子商务经营者应当采取的措施，其中最主要的内容就是“避风港”原则。《电子商务法》第五条明确提出，电子商务经营者从事经营活动，应当履行知识产权保护的义务。我国的电子商务活动，一般都在电子商务平台中进行，因此电子商务经营者不仅有产品销售者，还有电子商务平台的经营者，而这两者都应当履行知识产权保护的义务。

对于电子商务平台来说，电子商务平台经营者应当建立知识产权保护规则，与知识产权权利人加强合作，依法保护知识产权。二者之间的合作主要遵循的就是“避风港”规则。如果知识产权权利人认为其知识产权受到侵害，有权通知电子商务平台经营者，此通知应当包括构成侵权的初步证据。此时，平台必须采取删除、屏蔽、断开链接、终止交易和服务等必要措施，并将该通知转送平台内经营者。通俗来说，如果我们发现有人未经授权在电商平台中销售含有自己专利或其他知识产权的产品，那么我们可以通知电子商务平台，要求其将该商品进行下架、终止交易和服务等必要措施。这种必要措施的意义在于，能够及时阻止相关经营者的侵权行为，防止侵权损害结果的扩大化。反之，如果电子商务平台经营者没有及时采取必要措施，则对损害的扩大部分与平台内经营者承担连带责任。同时，权利人也不能随意通知，如果因通知错误造成平台内经营者损害的，权利人也要依法承担民事责任。恶意发出错误通知，造成平台内经营者损失的，加倍承担赔偿责任。

这就是电子商务平台知识产权保护的“避风港”规则，该规则首先设定了电子商务平台对于发生在平台内的知识产权侵权行为不知情，旨在降低电子商务平台经营者的压力。由于电子商务平台经营者并不是直接侵权人，因此让其承担较大的压力是不合理的，但由于知识产权侵权行为又发生在相关平台中，因此其在接到权利人通知时，就必须删除相关链接，暂停相关交易。但同时，如果电子商务平台经营者已经知道或者应当知道平台内经营者侵犯知识产权的，根据我国《电子商务法》第四十五条规定，平台经营者应当采取删除、屏蔽、断开链接、终止交易和服务等必要措施；未采取必要措施的，与侵权人承担连带责任。第四十四条规定，对于收到的本法第四十二条、第四十三条规定的通知、声明及处理结果，电子商务平台经营者应当及时公示。

为了避免因错误通知给平台内电子商务经营者带来的损失，《电子商务法》第四十三条规定，平台内经营者接到转送的通知后，可以向电子商务平台经营者提交不存在侵权行为的声明。声明应当包括不存在侵权行为的初步证据。电子商务平台经营者接到声明后，应当将该声明转送发出通知的知识产权权利人，并告知其可以向有关主管部门投诉或者向人民法院起诉。电子商务平台经营者在转送声明到达知识产权权利人后 15 日内，未收到权利人已经投诉或者起诉通知的，应当及时终止所采取的措施。

表 7 《民法典》中主要知识产权条款及具体内容

编名	主要知识产权条款	条款具体内容
总则编	第一百二十三条：知识产权的定义及范围	第一百二十三条　民事主体依法享有知识产权。 知识产权是权利人依法就下列客体享有的专有的权利： （一）作品； （二）发明、实用新型、外观设计； （三）商标； （四）地理标志； （五）商业秘密； （六）集成电路布图设计； （七）植物新品种； （八）法律规定的其他客体。
物权编	第四百四十条、第四百四十四条、第四百四十五条：知识产权质押的相关规定	第四百四十条　债务人或者第三人有权处分的下列权利可以出质： （一）汇票、本票、支票； （二）债券、存款单； （三）仓单、提单； （四）可以转让的基金份额、股权； （五）可以转让的注册商标专用权、专利权、著作权等知识产权中的财产权； （六）现有的以及将有的应收账款； （七）法律、行政法规规定可以出质的其他财产权利。 第四百四十四条　以注册商标专用权、专利权、著作权等知识产权中的财产权出质的，质权自办理出质登记时设立。 知识产权中的财产权出质后，出质人不得转让或者许可他人使用，但是出质人与质权人协商同意的除外。出质人转让或者许可他人使用出质的知识产权中的财产权所得的价款，应当向质权人提前清偿债务或者提存。 第四百四十五条　以应收账款出质的，质权自办理出质登记时设立。 应收账款出质后，不得转让，但是出质人与质权人协商同意的除外。出质人转让应收账款所得的价款，应当向质权人提前清偿债务或者提存。
合同编	第五百零一条：订立合同中保守商业秘密条款 第六百条：具有知	第五百零一条　当事人在订立合同过程中知悉的商业秘密或者其他应当保密的信息，无论合同是否成立，不得泄露或者不正当地使用；泄露、不正当地使用该商业秘密或者信息，造成对方损失的，应当承担赔偿责任。

续　表

编名	主要知识产权条款	条款具体内容
	识产权的标的物转让规则 第八百八十三条至第八百八十七条：技术合同相关规定	第六百条　出卖具有知识产权的标的物的，除法律另有规定或者当事人另有约定外，该标的物的知识产权不属于买受人。 第八百八十三条　技术服务合同的受托人应当按照约定完成服务项目，解决技术问题，保证工作质量，并传授解决技术问题的知识。 第八百八十四条　技术服务合同的委托人不履行合同义务或者履行合同义务不符合约定，影响工作进度和质量，不接受或者逾期接受工作成果的，支付的报酬不得追回，未支付的报酬应当支付。 技术服务合同的受托人未按照约定完成服务工作的，应当承担免收报酬等违约责任。 第八百八十五条　技术咨询合同、技术服务合同履行过程中，受托人利用委托人提供的技术资料和工作条件完成的新的技术成果，属于受托人。委托人利用受托人的工作成果完成的新的技术成果，属于委托人。当事人另有约定的，按照其约定。 第八百八十六条　技术咨询合同和技术服务合同对受托人正常开展工作所需费用的负担没有约定或者约定不明确的，由受托人负担。 第八百八十七条　法律、行政法规对技术中介合同、技术培训合同另有规定的，依照其规定。
人格权编	第一千零一十七条：字号的保护条款 第一千零一十九条：作品不得侵害肖像权的条款 第一千零二十七条：作品不得侵害名誉权的条款	第一千零一十七条　具有一定社会知名度，被他人使用足以造成公众混淆的笔名、艺名、网名、译名、字号、姓名和名称的简称等，参照适用姓名权和名称权保护的有关规定。 第一千零一十九条　任何组织或者个人不得以丑化、污损，或者利用信息技术手段伪造等方式侵害他人的肖像权。未经肖像权人同意，不得制作、使用、公开肖像权人的肖像，但是法律另有规定的除外。 未经肖像权人同意，肖像作品权利人不得以发表、复制、发行、出租、展览等方式使用或者公开肖像权人的肖像。 第一千零二十七条　行为人发表的文学、艺术作品以真人真事或者特定人为描述对象，含有侮辱、诽谤内容，侵害他人名誉权的，受害人有权依法请求该行为人承担民事责任。

续 表

编名	主要知识产权条款	条款具体内容
		行为人发表的文学、艺术作品不以特定人为描述对象，仅其中的情节与该特定人的情况相似的，不承担民事责任。
婚姻家庭编	第一千零六十二条：婚姻中知识产权收益的分配规则	第一千零六十二条　夫妻在婚姻关系存续期间所得的下列财产，为夫妻的共同财产，归夫妻共同所有： （一）工资、奖金、劳务报酬； （二）生产、经营、投资的收益； （三）知识产权的收益； （四）继承或者受赠的财产，但是本法第一千零六十三条第三项规定的除外； （五）其他应当归共同所有的财产。 夫妻对共同财产，有平等的处理权。
侵权责任编	第一千一百八十五条：知识产权惩罚性赔偿规定	第一千一百八十五条　故意侵害他人知识产权，情节严重的，被侵权人有权请求相应的惩罚性赔偿。

第三章

如何让职工的“金点子”变成“金果子”

很多企业会组织职工围绕质量改进、降本增效、产品保护等开展合理化建议活动，也有企业会鼓励职工参与小发明、小创造、小革新、小设计、小建议等“五小”群众性创新活动，这些活动都是充分挖掘内部潜力，创新企业管理方式的有效形式。通过这些活动诞生的“金点子”更是层出不穷，不仅解决了企业的问题，也让广大职工的自我价值得到充分体现。然而，现实中我们也经常发现，一旦大家不重视“金点子”的知识产权保护，很多“金点子”就会被别人抄袭或模仿，“金点子”自然也变成了不值钱的“烂果子”。事实上，由于没有专利保驾护航，最后无奈退出市场竞争的案例屡见不鲜，最让人记忆犹新的就是20世纪90年代曾红极一时，后来又变得悄无声息的VCD机产业。

1992年，在美国举办的国际广播电视技术展览会上，美国斯高柏（C-CUBE）公司（以下简称斯高柏）曾展出了一项图像解压缩技术。中国某企业负责人敏锐地意识到：可以把图像和声音存储在一张容量比较小的光盘里的MPEG技术，意味着可以创造出一种物美价廉的视听产品，供老百姓在家中使用。于是在1993年，世界上第一台家用VCD机诞生在我国合肥的万燕集团，“万燕”让中国的老百姓认识了VCD机，并在中国开创了一个全新的电子消费品行业。但匪夷所思的是，VCD机真正的核心技术——万燕集团花费巨资委托斯高柏研发的解码芯片技术，却牢牢掌握在斯高柏手里。当时万燕集团认为国内VCD机市场销售如此火爆，申不申请专利都没有太大的意义，因此，并未对相关技术进行专利申请，以致万燕集团推出的第一批1000台VCD机，几乎都被国内外家电公司买去做了样机，成为解剖的对象。与此同时，因为没有专利保护，且VCD整机组装对技术要求不高，没有生产许可证的限制，再加上市场已经被打开，各类散件聚集在各种电子元器件批发市场，国内各种模仿者和VCD机组装厂大量出现。

随后，索尼、松下、飞利浦等国外制造业巨头也纷纷加入了对VCD机的研究，推出新的专利技术，制定各种VCD机国际标准，以致后来包括万燕集团在内的国内家电企业生产VCD机都需要向这些国外巨头缴纳巨额的专利费用。仅仅三四年时间，曾经拥有这项领先技术的万燕集团却最终淹没于同行业的激烈竞争中。而VCD机产业，随着进入者的增多，产品利润被不断摊薄，最后这项产业也在低价竞争中日薄西山，被DVD机蚕食殆尽。因为没有专利保护，整个VCD机行业风云变幻，其铺天盖地的广告攻势，高开低走的价格走势，大起大落的市场命运，无不让人刻骨铭心。

一、企业职工创新成果保护现状

2020年7月，工信部联合国家发展改革委、科技部、财政部等17个部门共同印发的《关于健全支持中小企业发展制度的若干意见》明确提出，引导中小企业走“专精特新”之路。2021年7月，工信部等六部委联合发布《关于加快培育发展制造业优质企业的指导意见》，进一步明确方向，力争到2025年，发展形成万家“小巨人”企业、千家单项冠军企业和一大批领航企业，建立优质企业梯度培育格局，而这些目标的实现，都离不开对职工创新成果的保护。

（一）中小企业职工技术创新政策环境

目前，中小企业已经成为我国经济发展的重要支撑力量。截至2021年末，全国企业的数量达到4842万户，其中99%以上都是中小企业。具体到工业领域，我国的工业中小企业户数达到40万户[①]，可见我国中小企业整体的技术创新水平存在巨大的发展空间。虽然我国支持中小企业发展的法律法规体系基本健全，政策规划体系日益完善，中小企业发展环境不断优化，但是中小企业的技术创新环境还需要进一步优化。2021年11月，《关于进一步加大对中小企业纾困帮扶力度的通知》《为“专精特新”中小企业办实事清单》《提升中小企

---

① 工信部：截至2021年末，全国企业数量达4842万户中99%以上都是中小企业，https://t.ynet.cn/baijia/32913492.html.

业竞争力若干措施》等文件连续发布，释放国家大力促进中小企业高质量发展的决心，创新型中小企业、“专精特新”中小企业、“专精特新小巨人”企业梯度培育体系也日趋完善。全国已培育3批4762家国家级“专精特新小巨人”企业，推动各地培育近4万家省级“专精特新”中小企业，中小企业的创新活力得到充分释放，中小企业的知识产权保护需求达到了前所未有的高度，企业职工创新成果保护工作亟待加强。

（二）中小企业职工知识产权保护突出问题

1. 知识产权保护意识不强

在我国，大型的国有企业或市场竞争激烈的民营企业非常重视知识产权，而中小企业却未重视对知识产权的保护。不少中小企业只重视有形资产的积累与保护，不重视知识产权这类无形资产的保护，尤其是在企业取得重大科研成果后，不去申请专利保护，而是进行成果鉴定，发表论文，公开成果，丧失了获得知识产权保护的最佳时机。此外，生产制造型中小企业的职工的知识产权保护意识不强。2021年，山东省淄博市开展的《淄博市企业商业秘密保护基本情况的调研报告》显示，在参与调研的936家企业中，有近半数的企业对商业秘密不了解。如图2所示，10%的企业不知道什么是商业秘密，38%的企业对商业秘密的了解“较模糊”。从企业规模来看，53.4%的小微企业对商业秘密不是很了解，企业无法区分商业秘密。

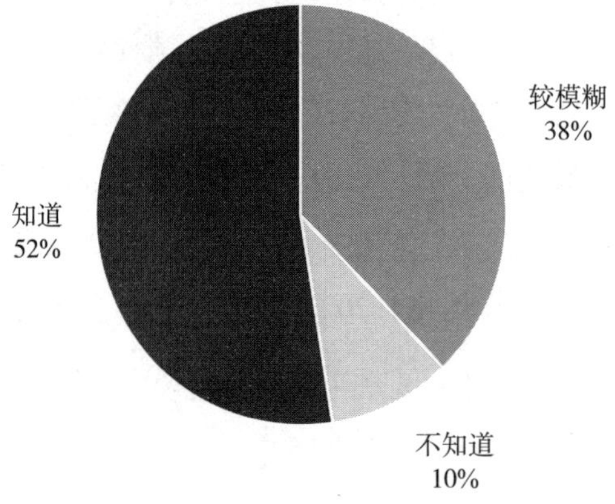

图2　中小企业对商业秘密概念的认知程度分析

如图 3 所示，有 32% 的企业认为拥有的商业秘密较少，还有 15% 认为没有商业秘密。同样，很多中小企业的职工对什么是专利也缺乏认知，因此，这些中小企业的知识产权很容易被窃取，进而造成自身利益的损失。

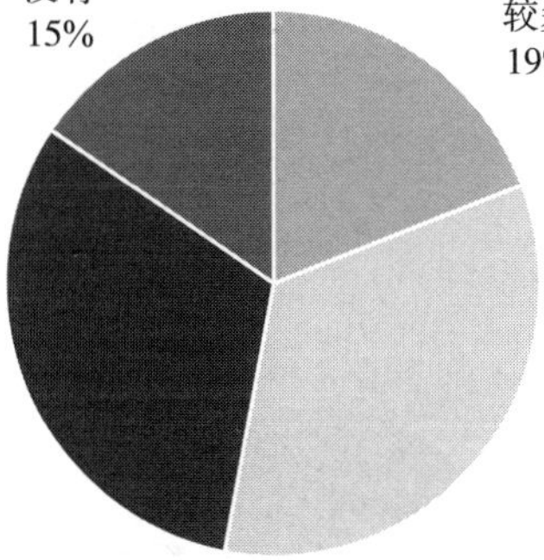

图 3　企业对自身商业秘密是否需要保护的认识分析

2. 知识产权管理体系不健全

企业知识产权的管理具有一定的专业性，相关企业如果要对其核心的产品技术进行保护，就需要成立专门的部门以及组建专业人员队伍。但是，很多中小企业没有成立相关的部门，知识产权管理工作难以落到实处。随着我国中小型企业创新能力的不断提升，这些企业的知识产权事务也在与日俱增，在此情况下，缺乏一个专门的、健全的知识产权管理机构，就无法确保知识产权能够给企业带来经济效益。如图 4 所示，44% 的企业没有负责商业秘密保护的机构，16% 的企业由人事部门负责，由法务部门、知识产权部门等专业机构负责的仅占 26%。52% 的企业没有商业秘密保护的规章制度，其中包括 7 家大型企业。还有 25.5% 的企业在商业秘密保护制度建设方面只有零星规定。[①]

中小企业在知识产权人才培养方面也有待加强。虽然部分企业设置了专门的知识产权管理部门，但是知识产权管理人员数量普遍较低，专业水平也不高。有关统计显示，企业中知识产权管理人员兼职居多，专职人员数量偏少，

① 淄博市市场监督管理局：《淄博市企业商业秘密保护基本情况的调研报告》. https//:www.waitang.cominfo105406.html.

大部分企业相关管理人员未接受过系统的知识产权教育和培训，缺少对于知识产权管理相关理论知识和实践技能的学习与研究，不能够恰当地运用相关理论知识来解决实际管理中遇到的问题，从而导致知识产权管理的实际效果得不到切实保障。同时，很多企业存在知识产权管理人员频繁流动的问题，管理人员的频繁更换，导致企业知识产权工作始终处于低端重复的状态，并且不同的管理人员在知识、经验、工作风格上都存在较大差异，导致知识产权管理工作缺乏延续性。

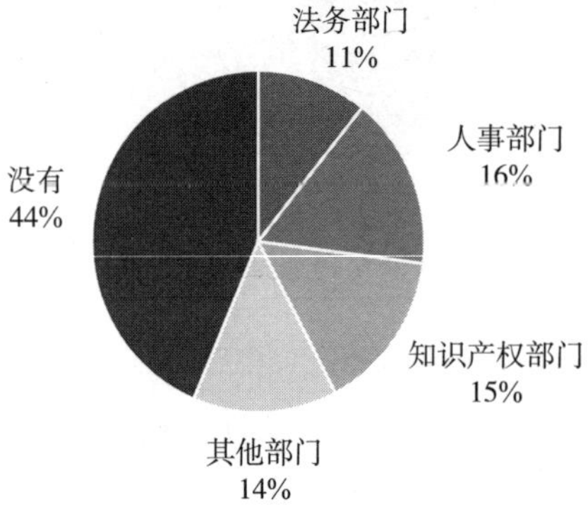

图 4　企业商业秘密管理部门情况

二、保护“金点子”常见的两种方式

生产实践活动是各个时代人类智慧的重要来源，广大劳动者充满智慧的金点子为技术创新作出了巨大的贡献。大家有了好的创意或技术方案，通常不希望被别人轻易地模仿，总希望通过保密的方式或者通过申请专利的方式加以保护，因而逐渐形成了商业秘密和专利这两种截然不同的知识产权保护形式。

（一）商业秘密保护和专利保护的比较

商业秘密和专利的保护期限、权利的取得方式等都有很大不同。

从两者的保护期限来看，《专利法》第四十二条第一款明确规定，发明专利权的期限为 20 年，实用新型专利权的期限为 10 年，外观设计专利权的期限为 15 年，均自申请日起计算。而商业秘密的保护则没有确定的期限，只要权利人保护得当便可以无限期地享有商业秘密所有权。

从两者权利的取得方式来看，专利权人必须先向专利行政部门提出申请，在专利行政部门审查通过授予其专利权后，其才能享有专利权，并且大多数国家规定了先申请原则，只有在先提出专利申请并得到授权才能成为专利权人。而商业秘密权的取得同著作权人自完成之后自动取得著作权一样，所有人自创造出商业秘密后就可以自动取得商业秘密权，而不用经过行政审批。

从权利人享受的权利看，如果一项技术信息被授予专利，则专利权人享有独占实施权，即使其他人独立完成该项发明，也不得使用（当然，《专利法》也规定了专利实施的强制许可）。任何人未经专利权人许可，均不得实施该专利。其他人若想获得该项专利的使用权，需和专利权人达成协议并向专利权人支付相应的对价。

而对于商业秘密而言，《反不正当竞争法》禁止相关人在未经商业秘密所有权人许可的情况下，以不正当的手段获取、披露、使用或者允许他人使用权利人的商业秘密。行为人可以通过独立发现、反向工程等合法的手段获得商业秘密，从而对其进行免费的使用。

发生专利侵权以后，一般以《专利法》为依据，专利权人只需说明其行为违法并侵犯了专利权即可受到法律保护，特殊情况下还规定了举证责任倒置。而我国现行法律对商业秘密的保护范围并无明文规定，一旦发生商业秘密侵权纠纷，则只能根据《反不正当竞争法》规定的商业秘密的特征来判断是否属于商业秘密侵权，并且对于商业秘密的保护不局限于反不正当竞争法，还有可能涉及《民法典》和《合同法》。此外，商业秘密侵权纠纷基本适用“谁主张，谁举证”的举证原则，原告要承担较重的举证责任。

（二）商业秘密保护和专利保护的选择

1. 从技术方案的创新性考虑

如果企业所研发出来的技术成果创新性不足，即使经过技术完善也难以申请专利，那么可以将其作为商业秘密保护。所以，企业要对该技术成果的创新性进行深入分析。对于创新性高、被授予专利可能性高的选择专利保护；对于创新性低、被授予专利可能性低的还是采用商业秘密保护。

2. 从技术方案的价值考虑

技术成果的价值是重要考虑因素。因为专利保护需要企业支付一定的明确的专利维护费用，因此要考虑在专利保护期限内所获得的市场收益是否大于专利保护的维护费用。如果技术成果的市场价值巨大，市场需求量大，市场收益远远高于专利维护费用，应申请专利保护；如果技术成果市场价值低，市场需求量不大，企业就应考虑采用商业秘密方式对该技术方案进行保护。而且专利保护是有期限的，所以对于那些生命周期太长或者太短的科技成果，就不适合采用专利保护了。如果产品生命周期比专利保护期还要长的话，保护期失效，技术成果成为共用技术，企业就再也无法享有独占权，还不如采取商业秘密保护。

3. 从技术方案的反向工程难易程度考虑

当有新的技术成果出现，企业的竞争对手可以通过反向工程来进行模仿或改进。因此，那些不可能或者很难通过反向工程而获得的技术成果，适合选择商业秘密保护。如果技术成果容易被其他企业反向工程获得的话，适合选择专利保护。

4. 从维权措施考虑

商业秘密一旦被泄露，既无法继续用商业秘密方式保护，又无法再申请专利，对企业造成的损失是巨大的，只能通过有效的诉讼策略积极维权以减少损失并追究侵权人的法律责任。专利被侵犯后专利仍然有效，但还是需要分析制定恰当策略，以最大限度地保护企业的市场竞争优势。

总之，企业研发出来的科技成果，既可以选择专利保护，又可以选择商业秘密保护，但是两者具有不同的优劣势，所以最好的方式还是选择两者相结合，根据技术方案的实际特点及企业的经营策略，针对不同的技术方案选择更适宜的保护措施。

三、如何将技术秘密变成“金果子”

企业的技术秘密从本质上讲是一种知识和经验。尽管它可以通过图纸、配方、资料等物质形态表现出来，从而得以转让和传授，但这些物质形态仅仅是其物质载体，而不是技术秘密本身。技术秘密的特征表现为：实用性、价值性、保密性。技术秘密一般而言是通过长期实践总结出来的技术成果，能够解决某个实际技术问题，并产生一定的技术效果。因此，具有一定的实用价值，这种实用性在经济上表现为一定的效益性，不仅技术秘密的所有者可以通过转让技术获得一定的报酬，技术秘密的所有者或购买者还可以利用技术秘密来提高自己的生产效率，从而获得收益的增加和成本的减少。因为技术秘密具有经济性，所以其处于保密状态，否则，不仅技术秘密失去了其有偿转让的基础，而且也会破坏它带给所有者和购买者的类似垄断的效益。

（一）规范预防性保护措施

要想保护好企业的技术秘密，就必须采用一切有效的措施来防止技术秘密的泄露。这种工作应该从立项、提出设想、制订研究的计划开始就采取必要的保密措施。在技术产品开发成功的时候更应该严格地进行保密工作。做好保密工作是保护技术秘密所有权的最根本、最有效的措施与方法。[①]

（二）做好合同性保护措施

虽然现行的法律对于技术秘密的保护还没有直接的专门保护规定，但是在进行技术秘密贸易的时候，可以在合同中签订保密性条款来加以保护。双方当事人达成的协议要受到有关法律的保护。值得注意的是，技术秘密贸易合同的保密性条款应规定得十分详细，考虑到一切可能导致泄露的因素。在合同中除一般性地规定接受方有义务阻止发生违反保密条款的情况外，还必须具体规定接受方履行义务的具体措施，要求他们必须按照合同规定的方式实施其保密义务，否则即构成违约。这些措施包括限定接触核心技术秘密的人员，限定资料存放地点和存放器具，以及限定使用技术资料的方式等。如规定不得随意复制和转接，仅仅限于某些具体执行该合同的技术人员接触性使用资料；接触核心机密的人员辞职后一定时间内不得在相关行业中使用该项技术等。另外，必要时企业还应该与所聘请的干部、职工在有关合同中签订保密性条款，明确干部与职工的保密义务以及泄密所应该承担的责任，对保密有功者则应该给

---

① 企业知识产权保护策略——技术秘密的保护，http://www.tmhong.com/article_33219，2021.6.26.

予奖励。

（三）加强综合性保护措施

所谓综合性保护措施，就是要把技术秘密的保密与现有的知识产权的保护结合起来。可以是技术秘密加上专利权、商标权或是版权的保护。例如，化妆品生产的技术秘密的保护，可以通过申请其生产工艺和方法的发明专利，或者与化妆品包装物的外观设计专利结合起来保护，同时还可以附加化妆品的商标来保护。实践表明，这种综合性保护常能起到层层设防、无隙可乘的综合效果。

（四）完善技术性保护措施

技术性保护是在带有技术秘密的产品中，附加上防止拆卸的装置或防止拆卸的保护措施，产品一旦被他人擅自拆散，就会失去其原来的功能或无法重新组装，并且核心的技术秘密也随之自动地消失。有些化学产品一经打开就会与空气起一定的反应作用，从而改变了其必要的成分，使仿制者无法或很难分析其原有的组合成分等。

四、职工的“金点子”如何申请专利

（一）专利保护的对象是什么

目前，我国《专利法》中规定的可以享受专利保护的对象包括发明、实用新型和外观设计。

发明保护的对象是对产品、方法或者其改进所提出的新的技术方案。

实用新型保护的对象是对产品的形状、构造或者其组合所提出的适于应用的新的技术方案。

外观设计保护的对象是对产品的形状、图案以及色彩与形状、图案的结合所作出的富有美感并适于工业应用的新设计。

从三种专利的定义不难发现，如果技术创新的内容涉及加工制造方法和生产工艺的技术改进，则只能申报发明专利；如果涉及产品形状、结构的改进可以选择申报发明专利或实用新型专利；如果涉及新产品外观的改进，可以选择申报外观设计专利。

（二）不能享受专利保护的客体

专利虽然是用来保护发明人的创新成果的，但是并非任何技术都能享受专利保护。《专利法》第五条明确规定，对违反法律、社会公德或者妨害公共利益的发明创造，不授予专利权。比如用于赌博的工具，这类技术就是明显违反法律而不能享受专利保护的。此外，对违反法律、行政法规的规定，获取或者利用遗传资源，并依赖该遗传资源完成的发明创造，也不能授予专利权。

此外，《专利法》第二十五条还分别规定了不授予专利权的客体：有科学发现，智力活动的规则和方法，疾病的诊断和治疗方法，动物和植物品种，用原子核变换方法获得的物质，对平面印刷品的图案、色彩或者二者的结合作出的主要起标识作用的设计等。其中，科学发现是指自然界中客观存在的物质、现象、变化过程及其特性和规律的揭示，这些不同于改造客观的技术方案，不能申请专利。这个规定容易理解，例如，电闪雷鸣是下雨天的自然现象，是人们习以为常的，如果有人把这种自然界中本身存在的现象或规律去申报专利，是不会获得专利授权的。智力活动的规则和方法是指导人们进行思维、表述、判断和记忆的规则和方法，由于没有采用技术手段或者利用自然规律，也未解决技术问题和产生技术效果，因而不能构成技术方案。例如，利用圆周率去计算圆的面积，就是纯粹的一种数学计算方法，并没有采用具体的技术手段，也是不能获得专利授权的。

（三）如何选择专利申请的类型

前面介绍了专利有三种类型，那么针对一项技术的改进，如何合理选择专利类型，让自己的创新成果得到及时有效的保护呢？这里总结了几种选择专利类型的方法。

1. 依据专利保护范围作出选择

对发明专利来说，它是利用了自然规律而取得的发明创造，而不仅仅是揭露自然界中原来存在但人们尚未认识的东西，它既可以是产品，也可以是方法。实用新型专利保护的是具有固定形状或结构的产品。如果发明是一种方法或是没有固定形状的产品，就只能申请发明专利，如球化剂、添加剂等。若发明是一种有形产品，有时既可以申请发明专利，也可以申请实用新型专利。对于实用新型专利来说，它保护的载体必须是产品，如若想保护产品的外形图案或色彩，则应申请外观设计专利，如包装盒、食品袋、产品标贴等。

2. 依据技术方案创造性高度作出选择

对于一件既可申请发明专利，又可申请实用新型专利的发明创造，应当从发明的创造性高度去分析选择。《专利法》第二十二条第三款规定：创造性是指同申请日以前已有的技术相比，该发明具有突出的实质性特点和显著的进步，该实用新型具有实质性特点和进步。由此可看出，基本符合条件就可以申请实用新型专利。因此，对发明水平较高、有显著进步的发明创造可以选择申请发明专利；对发明水平一般，基本上符合专利性条件的，且申请发明专利授权可能性不大的发明创造，则可申请实用新型专利，如机械设备的小改进等。

3. 根据权利要求保护的特征作出选择

一件专利有时既可以申请实用新型专利，也可以申请外观设计专利，这时要看权利要求侧重哪方面的特征，假若需对一种产品的形状进行保护，那么就要看一下形状的改变是产生了美感效果还是产生了技术效果。例如“十二生肖开罐刀”，对其技术效果的刀口形状的改进无疑是实用新型，如果改进点不是刀口形状，而是刀把的十二生肖形状，产生的也仅仅是美感效果，那么这种设计属外观设计专利的保护范畴。如果刀把形状的改进不仅产生了美感效果，同时也为了使用方便、省力，那么这种改进也产生了技术效果，所以也可以申请实用新型专利，在这种情况下申请人既可以选择申请实用新型专利，也可以申请外观设计专利，还可以同时申请两种专利。对于要求保护产品外形及色彩的，应申请外观设计专利；要求保护产品结构的，应申请实用新型专利。具体到一件专利申请，应根据申请人要求保护的权利特征作出选择。

五、职工的“金点子”如何写成专利申请文件

（一）专利申请文件的主要内容

以发明专利为例，专利申请文件就是申请人在申请专利时提交的请求书、权利要求书、说明书（必要时应当有附图）及其摘要等一系列文件。其中请求书主要是以表格的形式记录申请的一些基本信息，说明书（有附图的情况下包

括说明书附图）是对发明创造内容的详细说明，权利要求书是在说明书记载内容的基础上对要求保护的技术方案进行限定，说明书摘要是对说明书内容的简单概括。

（二）专利说明书的撰写要点

前面已经提到了，申请人在提交专利申请时必须要提交说明书。那么，什么是说明书呢？简单来说，说明书就是申请人在申请专利时必须提交的一种技术文书，其需要清楚、完整地描述发明创造的技术内容，从而使得本领域技术人员能够通过说明书公开的信息再现申请人的发明创造。从地位上来说，说明书是整个申请文件的基础；从内容上来说，说明书是对发明创造技术方案的具体说明，申请人需要通过说明书向社会公开其发明创造属于哪个技术领域，为什么要做这项发明，如何完成这项发明，这项发明有什么有益效果等方面的信息。

说明书是具有法律效力的技术文件，负责对发明或者实用新型作出清楚、完整的说明，一般包括说明书文字部分和附图两部分。这里需要说明的是，为了便于公众能够更清楚地理解发明创造的内容，在发明专利申请的说明书中，可以包括附图；而在实用新型专利申请的说明书中，必须包括附图。说明书文字部分包括发明名称和说明书正文两部分。说明书正文包括技术领域、背景技术、发明内容、附图说明（如果有附图的话）、具体实施方式五个部分的内容。

在撰写专利的说明书时，说明书撰写需要满足清楚、完整、实施、支持四方面的条件，这也构成了说明书总体撰写的要求。

1. 清楚披露发明创造的实质

（1）主题需要清楚

从技术现状、存在的技术问题出发，揭示出发明创造想要达到的目标和具体实现的路径和步骤，使本领域技术人员能够理解发明创造。

（2）表述应该清楚

描述发明创造的语言应该是该领域常用的技术术语，如果是发明人自己定义的术语，在说明书中应该有适当的解释，使本领域技术人员能够正确理解。

（3）逻辑需要严谨

说明书各组成部分的技术逻辑严谨且成为一个整体，特别是发明人声称要解决的技术问题与采取的技术方案，以及所达到的技术效果应该相互适应，不得含混不清或者模棱两可，更不能相互矛盾或不相关联。

2. 包含发明创造的完整方案

完整的说明书应当包括下列内容：

一是理解发明不可或缺的内容。如所属技术领域、背景技术以及有附图时的附图说明等。

二是解决的技术问题，需要包括采用的技术方案和达到的技术效果。

三是实现发明所需的内容，如采用的具体实施方式。

对于克服了技术偏见的发明或实用新型，还应当解释为什么能够克服技术偏见，新的技术方案与技术偏见之间的差别。

3. 根据说明书的内容应当能够实施发明创造

阅读完说明书，本领域技术人员根据该内容应该能够重现发明创造，并能够解决发明者所描述的技术问题。因此，说明书需要详细描述实现发明创造的具体路径，特别是实现发明创造的关键技术手段。

说明书中如果缺少关键技术手段而被认为无法重现发明创造，如只给出了任务 / 目标，或者表明了愿望 / 结果，未给出具体的实施路径；也可能会出现给出了关键技术手段，但因为关键技术手段不严谨而被认为无法重现发明创造，如关键技术手段的描述是含混不清的，采用该关键技术手段不能解决技术问题，缺少相应的实验数据来佐证技术目标的实现等。

4. 应当支持权利要求的限定范围

为了获得较大的保护范围，权利要求一般采用概括性或功能特征描述的技术特征，此时，说明书要与权利要求保护范围相匹配，就要求说明书尽可能多地描述关键技术手段以及较多的替代方式或者明显的变形方式。

（三）专利权利要求书的撰写要点

发明或实用新型的一项权利要求由主题名称和用于限定其主题的技术特征构成。主题名称用于体现一项权利要求的类型（产品权利要求还是方法权利要求）以及申请人请求保护的主题；权利要求中的所有技术特征与其主题名称一起构成一个整体，对该权利要求的保护范围进行限定。

权利要求书是专利申请文件的核心，用于确定专利申请和专利权的保护范围。在提交专利申请时，权利要求书可以起到意向书的作用，用来表明申请人想要获得多大范围的法律保护；在专利申请被授予专利权后，权利要求书则体现了专利权人被授予多大的专利保护范围。概括地说，权利要求书的作用主要有以下几个方面。

1. 用于界定专利权的保护范围

权利要求书是定义专利保护的技术方案的法律文件。在撰写专利申请文件的过程中，权利要求起到纲领性的作用，申请人通过权利要求书表述其请求保护的范围。专利行政部门基于《专利法》的要求对申请人提交的申请文件以及请求保护的范围进行审查，以确定专利申请能否被授权并界定出合理的专利权保护范围。只有合理的权利要求保护范围才能有效地鼓励发明创造，同时平衡专利权人与社会公众的利益。

2. 作为侵权判断的主要依据

专利权是申请人利用其发明创造的独占权利。准确合理的权利要求保护范围可以使公众清楚地知晓专利权的保护范围，从而有意识地规范自己实施有关技术的行为，自觉避免侵犯他人的专利权。如果出现专利侵权纠纷，法院和管理专利的部门将以权利要求书确定的保护范围为准，来判断是否构成侵犯专利权的行为。

六、职工的“金点子”如何结出专利的果实

申请人向国家知识产权局提出专利申请，经国家知识产权局依照法定程序审查，在满足《专利法》规定的所有要求之后，才能取得专利权。因此，在准备申请国内专利之前，大家需要了解专利审查的基本流程和最主要授权的条件。针对发明专利和实用新型专利，要想获得最终授权，必须要满足具有新颖性、创造性和实用性的要求，此外，专利申请的说明书也要满足公开充分等其他要求。但针对外观设计专利来说，可以授予专利的条件主要是两个，即新颖

性和美观性。

1. 新颖性

新颖性，是指该发明或者实用新型不属于现有技术；也没有任何单位或者个人就同样的发明或者实用新型在申请日以前向国家知识产权局提出过申请，并记载在申请日以后公布的专利申请文件或者公告中。在某些特殊情况下，尽管申请专利的发明或者实用新型在申请日或者优先权日之前公开，但在一定的期限内提出专利申请，仍然具有新颖性。

2. 创造性

创造性，是指与现有技术相比，该发明具有突出的实质性特点和显著的进步，该实用新型具有实质性特点和进步。例如，申请专利的发明解决了人们渴望解决但一直没有解决的技术难题；申请专利的发明克服了技术偏见；申请专利的发明取得了意想不到的技术效果；申请专利的发明在商业上获得成功。一项发明专利是否具有创造性，前提是该项发明是否具有新颖性。

3. 实用性

实用性，是指该发明或者实用新型能够制造或者使用，并且能够产生积极效果。如果申请专利的发明或者实用新型缺乏技术手段，申请专利的技术方案违背自然规律，或利用独一无二的自然条件所完成的技术方案，则不具有实用性。

针对外观设计《专利法》规定，外观设计获得专利权的实质条件为新颖性和美观性。

1. 新颖性

外观设计的新颖性是指申请专利的外观设计与申请日以前已经在国内外出版物上公开发表的外观设计不相同或者不相近似，与申请日以前已在国内公开使用过的外观设计不相同或者不相近似。

2. 美观性

外观设计的美观性是指外观设计用于产品时能使人产生一种美感，增加产品对消费者的吸引力。

（一）满足新颖性的条件

专利请求保护的技术方案是否具备新颖性，通常要从以下两个方面判断：

第一，请求保护的技术方案是否全部公开。

公开主要是指书面公开、使用公开等方式，即用上述的方式公开发明或者实用新型的实质内容，以达到为人们所知晓的目的。在实际操作中，审查一项发明或者实用新型是否具有新颖性，往往靠文献检索。查阅已批准的专利中是否包括申请专利的发明或实用新型，查阅公开发表的文献中是否包括申请专利的发明或实用新型。

第二，现有技术公开的时间是否在申请日之前。

同一发明或实用新型可以由两个以上的人分别独立地创造出来，那么，判别谁的发明具有新颖性，就有一个时间标准，这是认定发明或者实用新型是否具有新颖性的时间标准。目前，我们国家采用的是申请日标准，凡是发明或者实用新型的实质内容在申请日之前未被公知公用就具有新颖性。

考虑到现实生活中的实际情况，以及科学研究和国际交往的需要，《专利法》第二十四条还规定，申请专利的发明创造在申请日以前 6 个月内，有下列情形之一的，不丧失新颖性：一是在中国政府主办或者承认的国际展览会上首次展出的；二是在规定的学术会议或者技术会议上首次发表的；三是他人未经申请人同意而泄露其内容的。

（二）满足创造性的条件

发明专利和实用新型专利对创造性的要求是不同的。

针对一项发明专利，判断该新技术方案是否具备创造性，主要是看相关技术方案在本领域范围内是否显而易见。现行《专利审查指南》给出了判断发明相对于现有技术是否显而易见的三个步骤，人们通常称为“三步法”：第一步确定最接近的现有技术是什么；第二步确认该发明的区别特征和该发明实际解决的技术问题是什么；第三步判断要求保护的发明对本领域的技术人员来说是否显而易见。

运用“三步法”进行创造性判断的关键在于“站在本领域技术人员的角度准确理解最接近的现有技术，包括背景技术和现有技术中所存在的缺陷”。本领域技术人员，是指一种假设的“人”，假定他知晓申请日或者优先权日之前发明所属技术领域所有的普通技术知识，能够获知该领域中所有的现有技术，并且具有应用该日期之前常规实验手段的能力，但他不具有创造能力。如果所要解决的技术问题能够促使本领域的技术人员在其他技术领域寻找技术手段，他也应具有从该其他技术领域中获知该申请日或优先权日之前的相关现有技术、普通技术知识和常规实验手段的能力。

而判断要求保护的发明对本领域的技术人员来说是否显而易见，则要从最接近的现有技术和发明实际解决的技术问题出发。判断过程中，要确定的是现有技术整体上是否存在某种技术启示，即现有技术中是否给出将上述区别特征应用到该最接近的现有技术以解决其存在的技术问题（发明实际解决的技术问题）的启示，这种启示会使本领域的技术人员在面对所述技术问题时，有动机改进该最接近的现有技术并获得要求保护的发明。如果现有技术存在这种技术启示，则发明是显而易见的，不具有突出的实质性特点。

如存在下述情况，通常认为现有技术中存在上述技术启示：

第一，所述区别特征为常识，例如，本领域中解决该重新确定的技术问题的惯用手段，或教科书或者工具书等中披露的解决该重新确定的技术问题的技术手段。

第二，所述区别特征为与最接近的现有技术相关的技术手段，例如，同一份对比文件其他部分披露的技术手段，该技术手段在该其他部分所起的作用与该区别特征在要求保护的发明中为解决该重新确定的技术问题所起的作用相同。

第三，所述区别特征为另一份对比文件中披露的相关技术手段，该技术手段在该对比文件中所起的作用与该区别特征在要求保护的发明中为解决该重新确定的技术问题所起的作用相同。

（三）满足实用性的条件

实用性，是指该发明或者实用新型能够制造或者使用，并且能够产生积极效果。授予专利权的发明或者实用新型，必须是能够解决技术问题，并且能够应用的发明或者实用新型。换句话说，如果申请的是一种产品（包括发明和实用新型），那么该产品必须在产业中能够制造，并且能够解决技术问题；如果申请的是一种方法（仅限发明），那么这种方法必须在产业中能够使用，并且能够解决技术问题。只有满足上述条件的产品或者方法专利申请才可能被授予专利权。

所谓产业，包括工业、农业、林业、水产业、畜牧业、交通运输业以及文化体育、生活用品和医疗器械等行业。在产业上能够制造或者使用的技术方案，是指符合自然规律、具有技术特征的任何可实施的技术方案。这些方案并不一定意味着使用机器设备，或者制造一种物品，还可以包括例如驱雾的方法，或者将能量由一种形式转换成另一种形式的方法。能够产生积极效果，是指发明或者实用新型专利在提出申请之日，其产生的经济、技术和社会的效果是所属技术领域的技术人员可以预料到的。这些效果应当是积极的和有益的。

以下为不具备实用性的几种主要情形。

1. 无再现性

具有实用性的发明或者实用新型专利申请主题，应当具有再现性。反之，无再现性的发明或者实用新型专利申请主题不具备实用性。对于申报专利的一项技术成果，任何社会公众应当能够重复实施专利申请中为解决技术问题所采用的技术方案，这种重复实施不得依赖任何随机的因素，并且实施结果应该是相同的。如果本领域技术人员按照申请文件记载的技术手段，完全得不到专利声称的技术效果，通常就会认为其无再现性了。

2. 违背自然规律

具有实用性的发明或者实用新型专利申请应当符合自然规律。违背自然规律的发明或者实用新型专利申请是不能实施的，因此，不具备实用性。

3. 利用独一无二的自然条件的产品

具备实用性的发明或者实用新型专利申请不得是由自然条件限定的独一无二的产品。利用特定的自然条件建造的自始至终都是不可移动的唯一产品不具备实用性。应当注意的是，不能因为上述利用独一无二的自然条件的产品不具备实用性，而认为其构件本身也不具备实用性。

第四章

企业“金果子”被偷怎么办

作为技术的发明人，如同孕育一个新生命那样，职工将自己的“金点子”种在知识产权肥沃的土壤中，小心地播种和施肥，终于“金点子”生根发芽，长成了“金果子”——职工的技术方案成功获得专利权的保护，而相关的产品也已经或者即将生产完成，投入市场。但正如“金果子”被采摘之前都挂在树上，所有的专利都会向全社会公开，因此，也会有很多人觊觎挂在树上的“金果子”，想方设法地摘走我们的“金果子”。当“金果子”被摘走时，我们的专利权就受到了侵害，而摘走“金果子”的行为就是专利侵权行为。作为“金果子”的拥有者，我们应当防范“金果子”被偷摘，也就是了解专利侵权的行为类型、具体情形以及专利侵权的认定标准，准确、快速地判断自己的专利有没有被侵权，尽快对偷摘“金果子”的行为作出应对，挽回经济损失。

除了通过专利来保护，技术创新成果有时也会作为商业秘密来保护。因此，接下来的章节在介绍专利侵权行为的同时，也会详细介绍专利纠纷和商业秘密侵权纠纷典型案例，详细学习和了解专利和商业秘密侵权行为、被侵权之后该如何应对、侵权人要承担的责任等，提高对相关侵权行为和纠纷的认识，进而提高应对纠纷的能力。

一、哪些行为可能构成专利侵权

专利侵权行为，是未经权利人的许可实施他人专利的行为。理解“专利实施”的概念对于理解专利侵权行为非常重要。对于不同的专利类型，其“实施”含义的差别不大，但是也有细微区别。

《专利法》第十一条第一款规定：“发明和实用新型专利权被授予后，除本法另有规定的以外，任何单位或者个人未经专利权人许可，都不得实施其专利，即不得为生产经营目的制造、使用、许诺销售、销售、进口其专利产品，或者使用其专利方法以及使用、许诺销售、销售、进口依照该专利方法直接获得的产品。”第十一条第二款规定：“外观设计专利权被授予后，任何单位或者个人未经专利权人许可，都不得实施其专利，即不得为生产经营目的制造、许诺销售、销售、进口其外观设计专利产品。”

可以看出，对于非方法专利的发明和实用新型专利来说，此类型专利的实施就是“为生产经营目的使用其专利方法以及使用、许诺销售、销售、进口依照该专利方法直接获得的产品”的行为。而方法专利的实施范围要相对大于产品专利的实施范围，不仅禁止他人未经许可使用其专利方法，对专利方法的保护也延及依照该专利方法直接获得的产品，也不允许他人使用、许诺销售、销售、进口依照该专利方法直接获得的产品。对于外观设计专利，其“实施”的含义则是“为生产经营目的制造、许诺销售、销售和进口其外观设计专利产品”的行为。

将对方法专利的保护延及依该方法直接获得的产品，主要考虑仅规定对专利方法的使用提供保护是不充分的，因为专利方法是否已经被人使用，比较难以发现，也难以证明。另外，第三人可以在没有对专利方法给予保护的其他国家和地区使用专利方法，然后把依该方法生产的产品输入我国销售或者使用，专利权人虽然在我国享有方法专利保护，但因对该方法专利的保护不能延及依该方法直接获得的产品，也就不能请求对这类侵犯其专利权的行为采取措施。为了使方法专利得到充分有效的保护，我国于 1992 年修改了《专利法》，专门将对方法专利的保护延及依该方法直接获得的产品。[①] 对于《专利法》第十一条“利用专利方法直接获得的产品”的认定，可以参照《最高人民法院关于审理侵犯专利权纠纷案件应用法律若干问题的解释》，对于使用专利方法获得的原始产品，人民法院应当认定为《专利法》第十一条规定的依照专利方法直接获得的产品。对于将上述原始产品进一步加工、处理而获得后续产品的行为，人民法院应当认定属于《专利法》第十一条规定的使用依照该专利方法直接获

---

① 法律出版社法规中心．中华人民共和国专利法注释本（全新修订版）[M]．北京：法律出版社，2022：31.

得的产品。

上述法律内容规定了构成侵犯专利权行为的条件，为单位和个人的行为划定了底线，建立了行为准则。任何单位或者个人未经专利权人许可实施其专利将构成侵犯专利权的行为，都要承担法律规定的责任。

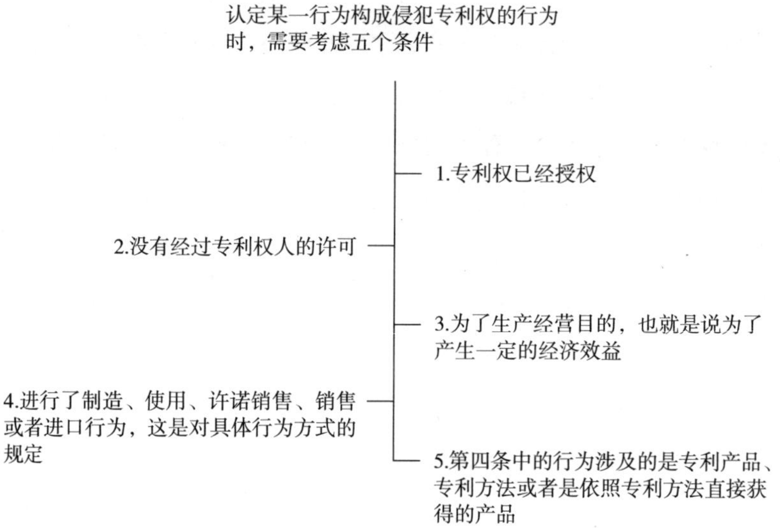

图 5　专利侵权要件

在认定专利侵权行为时，以上五个条件是缺一不可的。例如，当专利权还没有被授权时，相关发明人便不能阻止他人实施同一技术。如果专利实施行为前期已经获得了专利权人的许可，那么也并不构成专利侵权行为。同时，专利实施行为主要包括制造、使用、许诺销售、销售或者进口行为。

（一）故意仿制别人的专利产品

故意仿制别人的专利产品是一种最直接的专利侵权方式，它是指未经专利权人同意，从无到有地再现专利产品的行为。侵犯一项产品专利权的首要条件是在专利效力所及的地域范围内出现该专利产品，这有两个途径：一是制造；二是进口。[1] 使用、销售、许诺销售别人的侵权产品都是仿制专利产品行为的后续行为。因此，打击仿制专利产品的行为往往是保护专利产品的最关键环节

---

① 尹新天：中国专利法详解（第 2 版）[M]．北京：知识产权出版社，2012：96.

之一。

也是因为这种侵权行为的直接性，《专利法》对专利产品的制造提供“绝对保护”。除《专利法》第六十九条规定的不视为侵犯专利权的情形外，将仿制专利产品的行为直指认定为侵犯专利权的行为是没有任何其他先决条件的。仿制者是否应当承担侵权责任，与其主观上是否有过错无关。无论仿制者的主观意愿如何，也无论仿制者是否实际知晓专利申请或者专利权的存在，未经许可制造专利产品的行为，都构成侵犯专利权的行为，需承担《专利法》规定的侵权责任。

在实际的纠纷中，如何证明侵权人制造的产品属于仿制专利权人的专利产品，成为纠纷解决的要点和难点。发明和实用新型专利的保护范围以其权利要求的内容为准，具体应以专利的权利要求书所载内容为准；而外观设计的专利范围以表述在该图片或者照片中该产品的外观设计为准。可以看出，要证明一个专利产品或一个外观设计是否属于侵犯他人的专利权，需要明确和解释相关专利的具体权利范围，证明相关专利产品或外观设计是否落入了他人专利权的保护范围中。而明确这一点，不仅需要掌握此专利产品所涉及的技术知识，同时需要掌握相关法律知识。因此，在很多案子中，案件的判决结果都需要参考知识产权专业鉴定机构提供的“相关产品是否落入涉案专利保护范围”的专业鉴定意见，而不是仅靠纠纷双方的片面之词。如果最终确定侵权人制造的产品落入了专利的保护范围，那么此侵权行为就成立。

2021 年，最高人民法院发布的指导案例 159 号为深圳敦骏科技有限公司诉深圳市吉祥腾达科技有限公司（以下简称吉祥腾达公司）等侵害发明专利权纠纷案。此案的纠纷重点就在于，被告吉祥腾达公司所制造、销售和许诺销售的“Tenda 路由器 W15E”“Tenda 路由器 W20E 增强型”等型号的无线路由器，是否侵犯了深圳敦骏科技有限公司获得授权的名称为“一种简易访问网络运营商门户网站的方法”（专利号为 ZL02123502.3，以下简称涉案专利）发明专利的专利权，也即判断被诉侵权产品的使用过程是否落入涉案专利权利要求的保护范围。

在判定专利侵权时，有一个判定原则叫作全面覆盖原则。全面覆盖原则是指在判定被控侵权技术方案是否落入专利权的保护范围时，应当审查权利人主张的权利要求所记载的全部技术特征，并以权利要求中记载的全部技术特征与被控侵权技术方案所对应的全部技术特征逐一进行比较，缺一不可。如果被控侵权的技术方案中缺少权利要求中的一个或一个以上技术特征，或者有一个或一个以上的技术特征不相同也不等同，则应认定其未落入专利权的保护范围。

在该案件审理过程中，法官查明，关于被诉侵权产品的使用过程是否落入涉案专利权利要求的保护范围，涉案专利权利要求 1 中的“第一个上行 HTTP 报文”不应解释为用户设备与其要访问的实际网站建立 TCP“三次握手”连接过程中的第一个报文，而应当解释为未通过认证的用户设备向接入服务器发送的“第一个上行 HTTP 报文”。此外，根据对被诉侵权产品进行的公证测试结果，被诉侵权产品的强制 Portal 过程与涉案专利权利要求 1 和 2 所限定步骤方法相同，三款被诉侵权产品在“Web 认证开启”模式下的使用过程全部落入涉案专利权利要求 1 和 2 的保护范围，也即符合“全面覆盖原则”。

同时，针对网络通信领域方法的专利侵权判定，应当充分考虑该领域的特点，充分尊重该领域的创新与发展规律，以确保专利权人的合法权利得到实质性保护，实现该行业的可持续创新和公平竞争。如果被诉侵权行为人以生产经营为目的，将专利方法的实质内容固化在被诉侵权产品中，该行为或者行为结果对专利权利要求的技术特征被全面覆盖起到了不可替代的实质性作用，也即终端用户在正常使用该被诉侵权产品时就能自然再现该专利方法过程的，则应认定被诉侵权行为人实施了该专利方法，侵害了专利权人的权利。本案中，（1）吉祥腾达公司虽未实施涉案专利方法，但其以生产经营为目的制造、许诺销售、销售的被诉侵权产品，具备可直接实施专利方法的功能，在终端网络用户利用被诉侵权产品完整再现涉案专利方法的过程中，发挥着不可替代的实质性作用。（2）吉祥腾达公司从制造、许诺销售、销售被诉侵权产品的行为中获得不当利益与涉案专利存在密切关联。（3）因终端网络用户利用被诉侵权产品实施涉案专利方法的行为并不构成法律意义上的侵权行为，专利权人创新投入无法从直接实施专利方法的终端网络用户处获得应有回报，如专利权人的利益无法得到补偿，必将导致研发创新活动难以为继。另外，如前所述，吉祥腾达公司却因涉案专利获得了原本属于专利权人的利益，利益分配严重失衡，有失公平。综合以上因素，在本案的情形下，应当认定吉祥腾达公司制造、许诺销售、销售被诉侵权产品的行为具有侵权性质并应承担停止侵权、赔偿损失的民事责任。

《专利法》第五十九条第一款所称的“发明或者实用新型专利权的保护范围以其权利要求的内容为准，说明书及附图可以用于解释权利要求的内容”，是指专利权的保护范围应当以权利要求记载的全部技术特征所确定的范围为准，也包括与该技术特征相等同的特征所确定的范围。

等同特征是指与所记载的技术特征以基本相同的手段，实现基本相同的功能，达到基本相同的效果，并且本领域普通技术人员在被诉侵权行为发生时无须经过创造性劳动就能够联想到的特征。

（二）使用别人的专利产品

使用了别人的专利产品行为，是指为生产经营目的使用受到该专利权保护的产品，使其技术功能得到了实现。此处的“使用”可以有多种不同的方式，可以是直接利用专利产品来获得其所能产生的效果，也可以是利用专利产品来制造其他产品，还可以把专利产品作为零部件来生产其他产品。在专利产品作为零部件的情况下，即使专利产品仅仅起到很次要的作用，也构成使用专利产品的行为。根据《最高人民法院关于审理侵犯专利权纠纷案件应用法律若干问题的解释》第十二条的规定，将侵犯发明或者实用新型专利权的产品作为零部件制造另一产品的，人民法院应当认定属于《专利法》第十一条规定的使用行为。

由于方法专利的特殊性，“使用了方法专利的行为”和“使用了依照专利方法直接获得的产品”两种不同的侵权行为极易混淆，在此举一个简单的例子来进行区分。例如，一项制造橡胶的工艺方法专利，其专利权人为A，甲为了营利目的，未经权利人的许可制造出橡胶；乙用橡胶制造出了轮胎产品，并销售给了丙；丙又用乙制造出的轮胎制造出了汽车轮子。在这里，橡胶就属于“依照专利方法直接获得的产品”，而轮胎却不是“依照专利方法直接获得的产品”。因此，甲使用专利方法制造出橡胶，属于“使用了方法专利的行为”，构成专利侵权；乙制造轮胎的行为不构成侵权，但其销售行为属于“销售了依照专利方法直接获得的产品”，用橡胶制造轮胎的行为属于“使用依照专利方法直接获得产品的行为”，都构成侵权。但是对于丙来说，其使用的产品轮胎并非是依照专利方法直接获得的，因此，丙并不构成侵犯专利权的行为。

需要注意的是，根据《专利法》的规定，外观设计专利侵权行为中，并不包括“未经专利权人许可使用外观设计专利产品”的行为。这并非是我国独有的观点，在《与贸易有关的知识产权协议》第二十六条第一款有关外观设计专利权的规定中，也没有提及使用外观设计专利产品就构成侵权。为什么使用外观设计专利产品并不被认为是侵权呢？对此问题，存在几种不同的观点。归纳起来就是，由于外观设计专利权保护的并不是一个技术方案而是设计，而设计的内核与《著作权法》要保护的具有独创性的表达是类似的，因此对于外观设计专利来说，为了达到保护设计的目的，阻止第三人未经许可而制造、进口或者销售载有或者体现有专利的外观设计的产品就够了。

（三）销售别人的侵权产品

销售专利产品是指在市场上交易属于专利保护范围内的产品。而许诺销售是指以做广告、在商店橱窗中陈列或者在展销会上展出等方式作出销售商品的表示。

为什么保护专利要限制“许诺销售”的行为呢？这是因为实践中一些单位和个人未经专利权人许可制造侵权产品后，会经常以在各种媒体上做广告宣传或者在一些展览会、展销会上展出等方式进行促销。如果不限制“许诺销售”等行为，即使专利权人发现了这些促销行为，也只能等到行为人实际销售时才能主张其权利。这显然不利于尽早制止侵犯专利权的行为，维护专利权人的合法权益。

在判断是否构成“销售专利产品”的侵权行为时，存在一个难点，那就是当销售者销售的不是专利产品，而是以专利产品作为零部件的另一产品时，是否应当认定为专利侵权呢？答案是应当认定，但是对于外观设计专利来说，有一个特殊情况。

《最高人民法院关于审理侵犯专利权纠纷案件应用法律若干问题的解释》第十二条规定，将侵犯发明或者实用新型专利权的产品作为零部件，制造另一产品的，人民法院应当认定属于《专利法》第十一条规定的使用行为；销售另一产品的，人民法院应当认定属于《专利法》第十一条规定的销售行为。将侵犯外观设计专利权的产品作为零部件，制造另一产品并销售的，人民法院应当认定属于《专利法》第十一条规定的销售行为，但侵犯外观设计专利权的产品在该另一产品中仅具有技术功能的除外。对于前两款规定的情形，被诉侵权人之间存在分工合作的，人民法院应当认定为共同侵权。

可以看出，发明或者实用新型专利权，其主要保护的内容是技术方案，将相关侵权产品作为零部件制造另一产品，主要也是为了实现该侵权产品的技术功能。因而，将侵犯发明或者实用新型专利权的产品作为零部件制造另一产品的，属于专利侵权。但是对于外观设计专利来说，其保护的内容不是技术方案，而是具有美感的外观设计。因此，如果使用外观设计专利产品作为零部件生产另一产品，外观设计产品在该另一产品中仅具有技术功能时，就不属于专利侵权行为。从另一方面来说，将外观设计专利产品用作零部件来制造另一产品，如果该外观设计专利产品在另一产品中并非仅具有技术功能（比如该产品还能给人带来视觉上的美感），如果销售该另一产品，就构成专利侵权。

➲ 案例：

当事人甲是某“硅棒锥度或外圆数控磨床”实用新型专利的发明人和权利人，于 2009 年 10 月 21 日获得国家知识产权局授权的实用新型专利证书，专利申请日为 2008 年 12 月 31 日。

2009 年 12 月 1 日，A 公司发布招标公告，载明对相关的硅芯磨锥机在内的设备进行招标，B 公司参与了投标并中标。A 公司和 B 公司随后签订了相关商务文件，其中包含了相关产品的购销合同。发明人甲随后发现，B 公司向 A 公司提供的产品有侵犯自身专利权的嫌疑，向法院进行了起诉。经由甲的申请，相关法院对安装于 A 公司厂房中的被控侵权产品进行了现场勘验。将被控侵权产品与涉案专利的权利要求相比对，其组成、结构及技术特征与涉案专利的权利要求的保护范围相同。

甲认为，A 公司未取得甲的许可，购买并使用被控侵权产品；B 公司擅自制造、销售与涉案专利相近似的产品，严重侵犯了自身的专利权，造成了巨大的经济损失。请求法院判令 B 公司停止生产、销售侵犯自身实用新型专利权的产品；A 公司、B 公司连带赔偿甲经济损失 30 万元及为制止侵权行为支出的合理费用 800 元，并承担本案诉讼费。

法院认为，甲系涉案专利的专利权人，该专利至今合法有效，甲的专利权应受法律保护。根据《专利法》第五十九条第一款“发明或者实用新型专利权的保护范围以其权利要求的内容为准，说明书及附图可以用于解释权利要求的内容”的规定，经法院认定和寻求专业鉴定机构鉴定，涉案专利的权利要求和被控侵权产品的权利要求采用了相同的手段，实现了相同的功能，达到了相同的效果，被控侵权产品已完全覆盖了涉案专利权利要求的全部必要技术特征，故被控侵权产品已落入涉案专利的权利要求的保护范围。根据《专利法》第十一条第一款“发明和实用新型专利权被授予后，除本法另有规定的以外，任何单位或者个人未经专利权人许可，都不得实施其专利，即不得为生产经营目的制造、使用、许诺销售、销售、进口其专利产品，或者使用其专利方法以及使用、许诺销售、销售、进口依照该专利方法直接获得的产品”的规定，B 公司未经权利人甲的许可，以生产经营为目的，制造、销售了被控侵权产品硅芯磨锥机，侵害了甲的实用新型专利权。而对于 A 公司的行为，法院认为，A 公司是侵权产品的购买方，且购买方式系通过公开招标方式进行，A 公司与 B 公司签订的购销合同中要求 B 公司保障其提供的设备、服务及其任何部分不受第三方关于侵犯知识产权的指控，故 A 公司已在购买被控侵权产品的过程中尽到了合理审查义务，其所举证据能够证明其使用的被控侵权产品具有合法来源，故法院认为 A 公司的行为不构成侵权，不承担责任。

（四）进口别人的侵权产品

进口专利产品是指将专利产品从别的国家或地区购进到国内的行为。应当注意的是，此处提到的进口专利产品，必须是未经专利权人的许可，在别的国家和地区生产的专利产品。如果进口的产品是专利权人或者其被许可人在我国境外售出的专利产品或者依照专利方法直接获得的产品，购买者将该产品进口到我国境内以及随后在我国境内使用、许诺销售、销售该产品的，不视为侵犯专利权。

上述这种将专利权人或者其被许可人在别的国家和地区售出的产品进口的行为，在《专利法》上称为平行进口问题。平行进口情况的产生，主要是由于跨国公司的专利产品在不同国家、不同地区的价格差所造成的。对于跨国公司来说，其有着完整的专利申请链条，在其有业务的国家都会对自己的技术申请专利，并获得专利权的保护。但是，在不同的国家，出于企业获得最大利益的考虑，对于有着相同专利的同样产品，企业对其的定价却是不同的。在不同国家，相同产品的定价会随着国家的经济程度不同、消费者的购买能力不同、企业在当地的产品生产成本等不同而有所差别。而有些专利产品本身就是下一生产环节中的零部件，此种价格差就导致了平行进口的现象。

我国允许平行进口行为，是基于我国属于发展中国家的现状，出于保护我国相关制造业产业发展等考虑作出的规定。在经济全球化的格局中，中国作为发展中国家，逐渐承接了发达国家的重工业、通信设备、汽车及其配件、计算机部件及整机等高端制造业。在高端制造业中，核心技术和专利往往由发达国家掌握，我国企业想要生存发展，就必须要大量采用外国专利权人的专利技术。如果不允许平行进口行为，就会成为我国在进口环节正当地使用专利技术的阻碍。我国的企业在进行产品制造过程中，可能会出于寻找较低价格的零部件考虑，从国外进口专利权人在当地出售的专利产品，用来生产新的产品。如果不给这种进口行为“开绿灯”，在我国的自主创新能力还较为落后的当下，便无法降低成本，促进自身产业的发展。同时，不仅应当为进口行为“开绿灯”，对于正当进口到我国的专利产品，对于后续的制造、销售等行为，也不应当进行限制。只有这样，才能使正当进口的产品真正发挥作用。

未经权利人许可，进口他人的专利产品的行为是侵权行为。对于此种侵权行为，最好的规制环节和时间点就是在产品进入海关时。进口他人专利产品的侵权人，其进口产品的目的往往是将此类产品作为零部件去生产其他产品。如果相关侵权行为没有在海关被发现，当产品通过海关进入生产的过程变成其他产品的一部分时，相关执法人员和专利权人便更难发现侵权行为的存在。因此，海关作为打击专利侵权行为的关键一环，应当受到重视。

那么专利权人在知识产权海关保护方面可以做出哪些努力来预防专利侵权行为呢？根据《中华人民共和国知识产权海关保护条例》（以下简称《海关保护条例》），专利权人不仅可以在发现侵权行为时直接向海关申请扣留侵权嫌疑货物，还可以在没有发现侵权行为之前，提前向海关进行相关备案，备案有效期为10年。申请备案之后，即使专利权人没有提出申请，海关工作人员发现进出口货物有侵犯备案知识产权嫌疑的，也会通知专利权人。

因此，专利权人可以尽早就自身的专利在海关申请备案，这样可以减轻专利权人的维权压力。根据《海关保护条例》第七条，在申请海关备案时，应当提交申请书。申请书应当包括下列内容：（1）知识产权权利人的名称或者姓名，注册地或者国籍等；（2）知识产权的名称、内容及其相关信息；（3）知识产权许可行使状况；（4）知识产权权利人合法行使知识产权的货物的名称、产地、进出境地海关、进出口商、主要特征、价格等；（5）已知的侵犯知识产权的货物制造商、进出口商、进出境地海关、主要特征、价格等。

在请求海关扣留侵权嫌疑货物时，专利权人也应注意以下几点：根据《海关保护条例》第十三条，知识产权权利人请求海关扣留侵权嫌疑货物的，应当提交申请书及相关证明文件，并提供足以证明侵权事实明显存在的证据。申请书应当包括下列主要内容：（1）知识产权权利人的名称或者姓名、注册地或者国籍等；（2）知识产权的名称、内容及其相关信息；（3）侵权嫌疑货物收货人和发货人的名称；（4）侵权嫌疑货物名称、规格等；（5）侵权嫌疑货物可能进出境的口岸、时间、运输工具等。侵权嫌疑货物涉嫌侵犯备案知识产权的，申请书还应当包括海关备案号。

（五）专利被侵权之后的应对措施

当专利侵权行为发生时，权利人应该采取措施积极维护自身的权利。权利人既可以寻求行政执法机关的帮助，也可以请求司法机关的帮助，同时还可以通过调解、和解以及仲裁等方式解决纠纷。

根据《专利法》第六十五条的规定，发生专利侵权纠纷之后，当事人可以请求管理专利工作的部门处理（行政裁决）。管理专利工作的部门处理时，认定侵权行为成立的，可以责令侵权人立即停止侵权行为。当事人不服的，可以自收到处理通知之日起 15 日内依照《中华人民共和国行政诉讼法》（以下简称《行政诉讼法》）向人民法院起诉；侵权人期满不起诉又不停止侵权行为的，管理专利工作的部门可以申请人民法院强制执行。管理专利工作的部门应当事人的请求，可以就侵犯专利权的赔偿数额进行调解；调解不成的，当事人可以依照《中华人民共和国民事诉讼法》（以下简称《民事诉讼法》）向人民法院起诉。

专利纠纷发生之后，纠纷当事人在自愿互谅的基础上，按照国家有关法律、政策或合同约定等，可以友好协商达成和解协议，自行解决纠纷。另外，双方当事人还可以请求知识产权纠纷人民调解委员会、专利管理机关和人民法院对专利侵权纠纷进行调解。处理专利侵权纠纷的管理专利工作的部门应当事人请求，在裁定侵权成立后，可以就侵犯专利权的赔偿数额进行调解。如果知识产权侵权案件有约定仲裁协议的，可以申请仲裁解决。如果当事人选择了仲裁途径，就不能再选择司法途径。

《中国知识产权发展状况评价报告》显示，2021 年全国各地人民法院对知识产权一审案件立案、结案数量均有所上升，其中，新收知识产权一审案件 57.7 万件，较上年增长 23.5%；审结知识产权一审案件 54.1 万件，较上年增长 16.1%。全国各地检察机关提高对知识产权犯罪案件的监管力度，其批准逮捕侵犯知识产权犯罪案件 4590 件，较上年增长 16.8%；起诉侵犯知识产权犯罪案件 6565 件，较上年增长 12.3%。同时，全国知识产权系统共处理专利侵权纠纷行政裁决案件 4.98 万件，较上年增长 17.4%。通过上述数据可以看出，总体上，我国的知识产权相关纠纷和诉讼数量在逐年增长。同时，知识产权协同保护效能明显提升，全国知识产权保护社会满意度提高至 80.61 分，保持在较高水平。

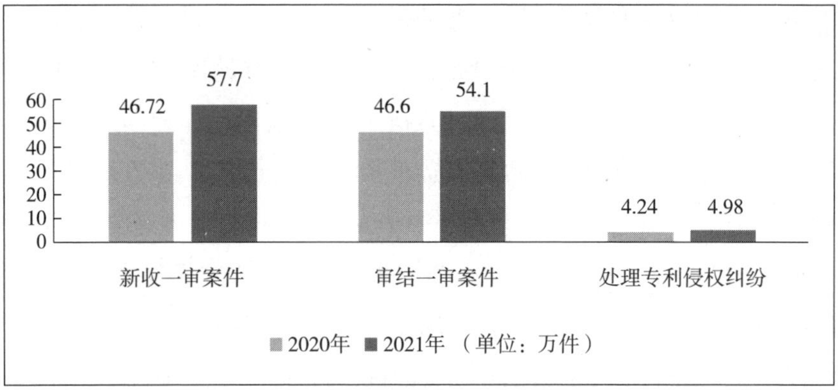

图 6　2020 年和 2021 年知识产权一审案件结案情况统计

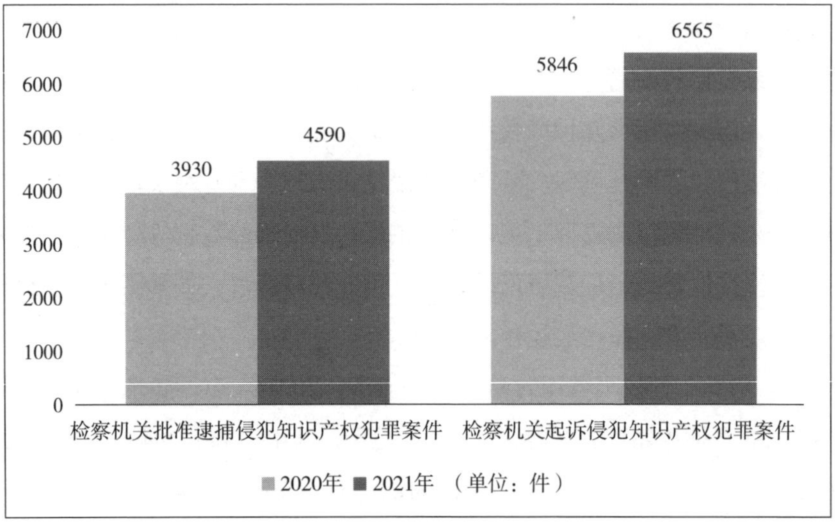

图 7　2020 年和 2021 年检察机关批准逮捕和起诉侵犯知识产权犯罪案件统计

二、知识产权纠纷如何应对

（一）警惕打着知识产权幌子的“专利流氓”

什么是“专利流氓”？顾名思义就是打着专利的幌子，用专利来谋取不正当利益的人。专利虽然赋予了专利权人专有的权利和利益，但是这些利益只限于正当的利益。权利人若利用专利来谋取不正当利益，就要承担相应的法律责任。

在现实中，我们可能会遇到以下情景：在处理与专利相关的工作时，收到了一封警告函，警告函中写明，我们的产品已经涉嫌侵犯对方的专利权，要求我们立即停止侵权，按照对方要求的数额和方式支付许可费，否则对方就要提起诉讼；有时可能会直接收到起诉通知书，对方通知，如果我们支付了许可费，就可以撤诉。向侵权人发送专利警告函，是专利权人维权的常用手段之一。但是，当我们收到此种警告函时，其背后却并不一定是想维权的专利权人，也有可能是想进行敲诈勒索的“专利流氓”。

2019 年 9 月，上海浦东新区人民法院就审理了一件“专利权敲诈案”，此案历时 2 年，于 2021 年 10 月 27 日终审宣判，法院认定了 2 名被告人利用专利进行敲诈勒索的犯罪行为成立，终审判决被告一有期徒刑 4 年半，并处罚金 5 万元；被告二有期徒刑 2 年，罚金 2 万元。

在此案中，2 位被告人的主要犯罪行为是利用其经营的多个公司的名义，先申请大量涉及多个技术领域的专利，然后再寻找同领域的其他公司当作猎物。他们专门选择相关企业的上市、融资等关键时期，向法院提起专利权纠纷诉讼。并在案外以诉讼影响企业生产经营、上市、融资等为要挟，迫使被诉方与其签订专利实施许可合同、和解协议等，并向被告人支付钱款，用钱来息事宁人。

2017 年 3 月至 7 月，被告人甲在经营管理 A 公司过程中，因获悉 B 公司正处于首次公开募股阶段，遂以 A 公司名义，先后多次以 B 公司侵害其专利“通过图像采集获取网络连接的数据传输方式及其系统”为由，向北京知识产权法院、上海知识产权法院提起民事诉讼。B 公司在认为不构成侵权的情况下，为避免影响上市进程，被迫和 A 公司签订专利实施许可合同，以专利实施许可费名义支付 A 公司 80 万元，后实际支付 50 万元。

2017 年 7 月底，被告人甲虚构 A 公司将拥有的专利“通过图像采集启动设备间数据传输的方式及其系统”独家许可给其所实际控制的 C 公司的知识产权许可合同，以 C 公司名义，向北京知识产权法院再次起诉 B 公司侵害该项专利，并授意他人以 C 公司法定代表人身份至北京向中国证券监督管理委员会（以下简称证监会）实名举报，披露已向 B 公司提起专利权纠纷诉讼，另伙同被告人乙以C公司股东身份与B公司谈判。B公司为避免影响上市进程，再次被迫和两个被告代表的C公司等签订纠纷解决协议，以和解费名义支付C公司80万元，后实际支付10万元。

两名被告还不止敲诈了一个公司。2017年10月，被告人甲因获悉D公司正处于在深圳证券交易所主板上市进程中，遂以E公司名义，先后以D公司侵害其拥有的3项实用新型专利为由，向厦门市中级人民法院提起民事诉讼，并向证监会举报，披露已向D公司提起专利权纠纷诉讼，使D公司被证监会发行监管部要求核查。D公司在认为不构成侵权的情况下，为避免影响上市进程，被迫和E公司签订和解协议，以补偿款名义支付E公司28.8万元。

从表面上看，被告人的行为属于正常的专利侵权维权行为。但是从被告人所谓的维权方式还是可以看出蛛丝马迹。首先，被告人在维权时，通常都假借相关公司的名义，并且从不出面，而是授意相关公司的法定代表人出面。其次，被告人多次采用倒签合同的方式，伪造独占许可合同，使得相关公司取得了虚假的专利独家许可，从而获得了虚假的维权地位。最后，被告人提起诉讼的目的，从来都不是获得专利许可费，而只是为其敲诈勒索行为增加筹码，在诉后与被害公司的调解中提高价码，同时还会根据被害公司所处的上市等过程向证监会进行举报，以此威胁被害公司。因此，被告人并不是正当的专利维权者，而是十足的"专利流氓"，其行为不仅违反社会公德，而且触犯了《刑法》的相关规定。

法院认为，对于被告人的行为是否构成敲诈勒索，主要应当判断以下三个要素：其一，是否存在侵权关系。行为人是依据合法权益遭受侵害的事实提出赔偿要求，还是虚构事实、制造借口从而非法占有对方财物。其二，是否采用合法手段。行为人是通过合法途径、合理方式主张权利，还是通过威胁等非法手段索要财物。其三，是否存在对价关系。行为人所提索赔依据是否可以作为对价交换，与赔偿要求之间是否存在相对合理的对价关系。

综合考虑以上要素，法院着重对被告人敲诈勒索B公司的行为进行了论述，法院认为：

第一，被告人与B公司之间不存在专利侵权关系。本节事实中，被告人在已将其全部专利普通许可给B公司的情况下，伪造专利独占许可，以独占实施方C公司的名义再次向B公司索赔。这种虚构在先取得专利独占许可事实的行为属于捏造侵权关系，其目的显然不是维权，而是非法占有对方财物。

第二，被告人的行为具有非法性、胁迫性。被告人编造虚假事实恶意提起诉讼，以“B公司盈利能力归零”等夸大性、虚假性内容向证监会恶意举报，并造成B公司上市暂停、延迟，其行为显有胁迫性。B公司基于对延迟上市风险的恐惧心理被迫支付费用，而非自愿处分。

第三，双方签订的纠纷解决协议不存在对价关系。与其他专利权纠纷事实不同，本节事实中，B公司与被告人签订纠纷解决协议，其支付和解费不是取得专利授权，而是换取撤回起诉、举报。被告人起诉系基于虚假的专利独占许可，在B公司不知情的情况下不能作为和解依据。同时，虽然公民有举报权，但举报是为了进行社会监督、纠正违法行为，不能用于交换财物、谋取私利。综上，被告等人索取了和解费用却未支付合理对价。

最后，被告人虚构专利独占许可并索赔的行为超出民法调整范围，应予以刑事处罚。在民事层面，被告人倒签合同时间，虚构专利独占许可并向普通许可实施方以胁迫等方式主张权利，违背了民事活动的诚信、自愿原则，具有民事违法性。但民事责任以赔偿损失为主，既不足以充分评价被告人勒索行为的违法性，又难以对企业上市、经营及财产等一系列权益进行完整保护，根据《刑法》补充性原则，有必要予以刑事保护。

从这个案例可以看出，维护专利权原本是个正当行为，但是若假借专利维权之名，行敲诈勒索之实，便属于“专利流氓”，应当受到法律的处罚。同时，此案例中，司法裁判坚持了保护知识产权和防止权利滥用并重的价值导向。被告在专利申请、诉讼、举报、和解等多个方面违反诚实信用原则，对科学技术进步、经济社会发展没有积极作用，不能予以提倡和鼓励。读完此章节，在遇到类似的状况时，职工便可采用以上提到的三个要素，判断是否遇到了“专利流氓”，从而从容应对，有效保护自身和企业的权益。

（二）离职人员带走企业“技术秘密”创业怎么办

技术秘密是商业秘密的一种。商业秘密是企业的财产，是指不为公众所知悉，具有商业价值，并经权利人采取相应保密措施的技术信息、经营信息等商业信息。因此，技术秘密指的就是商业秘密中的技术信息，如设计、程序、产品配方、制作工艺、制作方法等。

在完成企业交办的工作时，技术人员不可避免地会接触到企业的商业秘密，而当员工离职时，商业秘密的内容并不会自动从员工的脑子里清除。这就需要企业防患于未然，事先建立起一套企业内部的商业秘密保密措施、管理制度和保护体系，做好相关人员的管理，避免技术人员离职时，将企业的技术秘密泄露或者自行使用。同时，前期建立的规章制度如和技术人员签订的保密协议和竞业限制协议等，也能成为企业在面对离职人员不正当使用商业秘密时维护自身权益的重要武器和将来对簿公堂时具有法律效力的证据。

在企业内部建立商业秘密保护体系需要考虑以下因素：一是对企业的技术信息及经营信息进行分级管理，划分不同的保密等级。二是建立健全企业涉及商业秘密的接入控制制度，并采取相应的防范措施，如物理隔绝、加密加锁、设备接入限制和实施监控等。三是与相关人员签订保密协议和竞业限制协议，提供相关培训。四是建立涉密人员离职脱密管理制度。五是注意留存、保管涉及商业秘密形成、维护和使用的相关资料，如研发资料、成本核算、许可交易记录等。六是妥善处理涉及设备尤其是电子设备。①

在企业人员管理方面，企业可以从人员培训、保密协议和竞业限制协议签订三个方面开展工作，以做好商业秘密泄露的防范工作。在员工入职之后，可以进行商业秘密保护方面的专门培训，使员工了解接触和使用企业商业秘密的操作规范，了解和遵守相关的规章制度。对于能够接触到技术信息的员工，可以在劳务合同中约定保密条款。为使保密条款真正发生效力，可以在合同中界定明确哪些技术信息和经营信息属于商业秘密，明确保密的方式、保密的期限、违反保密义务的违约责任等。同时，对于能够接触到核心技术秘密的人

---

① 国家知识产权局知识产权保护司．企业知识产权保护指南［M］．北京：知识产权出版社，2022：193.

员，在平等协商的基础上，企业也可以与员工约定竞业限制，约定在终止劳动合同之后，劳动者不得到与本单位生产或者经营同类产品、从事同类业务、有竞争关系的其他用人单位工作，或者自己开业生产或者经营同类产品、从事同类业务。[①]

由于竞业限制对劳动者以后的工作限制较多，因此企业应当慎重使用。根据《中华人民共和国劳动合同法》（以下简称《劳动合同法》）第二十四条规定，竞业限制限于在企业高级管理人员、高级技术人员和其他负有保密义务的人员中使用，并且竞业限制的时限一般不应超过 2 年。对于比较低层的、没有技术含量也不掌握客户信息或其他商业秘密的人员一般没必要实施竞业限制。第二十三条规定，在解除或者终止劳动合同后，如果企业与劳动者签订了竞业限制协议，应当在竞业限制期限内按月给予劳动者经济补偿。劳动者违反竞业限制约定的，应当按照约定向用人单位支付违约金。

采取保密措施是在司法实践中商业秘密的构成要件之一，企业要想获得商业秘密的保护，就必须对相关的商业秘密采取保密措施。因此，采取保密措施是企业保护商业秘密的必选动作。而竞业限制并不是商业秘密获得保护的构成要件，采取了竞业限制措施，企业并不一定能获得商业秘密的保护，A 公司与黄某等侵犯商业秘密纠纷案便生动地体现了这一点。

A 公司以黄某、B 公司共同侵犯其商业秘密为由提起诉讼，请求法院判令 2 个被告停止侵权并连带赔偿其经济损失 230 万元。上海市第一中级人民法院一审查明：1996 年，黄某与案外人共同出资设立 A 公司，黄某持股 40%，公司经营范围包括服装、纺织品的加工制造、销售等。黄某在公司担任监事、副总经理等职，参与经营管理。2002 年 4 月 30 日，A 公司通过股东会决议，同意黄某退出公司并辞去相关职务。2002 年 4 月，黄某与案外人共同投资组建了 B 公司，该公司的经营范围包括纺织品、服装的制作、销售等。2000 年初，A 公司开始与森林株式会社发生持续交易。B 公司设立后，森林株式会社基于

---

① 国家知识产权局知识产权保护司．企业知识产权保护指南［M］．北京：知识产权出版社，2022：160.

对黄某的信任，随即与之建立了业务关系。

对于A公司与黄某之间的竞业限制协议，A公司提交了一份双方签订的《劳动合同》，认为该合同第十一条约定了劳动者在解除合同后5年内不得与公司客户有业务联系，由此，黄某不得与森林株式会社有联系。经法院审查，该合同原件上黄某的签约日期明显可见涂改痕迹，应为一份倒签日期的合同。考虑到黄某作为公司股东实际参与经营管理，与一般劳动者应有所区别，故黄某认为其仅用作办理“三金”手续而补签的合同的质证意见有一定的合理性。另外，该合同第十一条虽然约定劳动者在解除合同后5年内不得与公司客户有业务联系，但将公司客户明确限定为合同解除前与公司已有往来的客户，而该合同在1998年11月7日到期后（此时A公司与其主张保护的客户森林株式会社尚未建立交易关系）并未续签。

最高人民法院经审查认为，相关信息作为商业秘密受到保护，必须具备《反不正当竞争法》规定的要件，包括采取了保密措施，而并不是单纯约定竞业限制就可以实现的。企业的做法要符合《反不正当竞争法》第十条规定的保密措施，就应当表明权利人保密的主观愿望，并明确作为商业秘密保护的信息范围，使义务人能够知悉权利人的保密愿望及保密客体，并在正常情况下足以防止涉密信息泄露。本案中，A公司提供的《劳动合同》第十一条第一款没有明确A公司作为商业秘密保护的信息的范围，也没有明确黄某应当承担的保密义务，而仅限制黄某在一定时间内与A公司的原有客户进行业务联系，显然不构成《反不正当竞争法》第十条规定的保密措施。最高人民法院裁定驳回了A公司的再审申请。

从另一个方面来说，如果企业做好了前期工作，与劳动者签订了合法的竞业限制合同，那么当劳动者违反竞业限制合同时，企业便可依法要求劳动者承担违约责任。如果劳动者不正当地使用了从企业带走的商业秘密，企业也可要求离职员工就侵犯商业秘密的行为承担侵权责任。离职人员侵犯商业秘密的侵权责任和竞业限制合同违约责任是非竞合关系，如果分别满足了构成要件，离职人员应当同时承担这两种责任。从王某与C公司之间的案子，便可知道这一点。

王某曾在C公司任职，在任职期间，C公司与王某签订《劳动合同》一份，并在协商下签订了《保密及竞业限制协议》，协议约定：甲方在解除或者终止劳动协议后，在竞业限制期限内按月给予劳动者经济补偿。甲乙双方约定竞业禁止补偿金总额为乙方离职前一年工资收入的50%。协议同时约定了相应的违约责任。王某离职后，C公司依约向王某发放了自2011年6月至2011年12月的补偿金。自2012年1月开始，C公司停止向王某发放竞业限制补偿金。2011年6月16日，D公司成立，其中王某作为股份占比10%的投资人，并被聘用为该公司经理。D公司与C公司存在竞争关系。同时，王某以不正当手段获取了C公司的商业秘密，并有提供给D公司使用的行为。

后双方发生争议，C公司提起仲裁，并分别就王某侵犯商业秘密和违反竞业限制协议向法院提起诉讼，两个案件分别经过了二审终审，认定了王某侵犯商业秘密和违反竞业限制协议的事实。

C公司随即提起诉讼，要求王某、D公司等立即停止侵犯商业秘密的行为并赔偿经济损失及合理费用100万元。一审法院于2013年8月12日作出该案一审判决，认为王某以不正当手段获取C公司的商业秘密，并提供给D公司使用，其行为已经侵犯了原告的商业秘密，判决王某、D公司等立即停止侵权行为并赔偿经济损失（含合理费用）20万元。D公司不服该判决，向二审法院提起上诉，该院于2013年11月29日作出判决，结果为：驳回上诉，维持原判。

对于违反竞业限制协议方面，法院认为，竞业限制约定是针对负有保密义务的劳动者在劳动关系结束后一定期限内不得到与原用人单位有竞争关系的其他单位任职，或者自己开业生产或者经营同类产品、从事同类业务的行为而言，限制的是负有保密义务的劳动者在离职后的工作领域范围。认定劳动者是否构成违反竞业限制约定的违约行为，仅需考察该劳动者离职后的工作单位以及工作性质与原用人单位的生产经营是否存在竞争关系，不以该劳动者是否侵害原用人单位的商业秘密为条件。王某自认，其离职前为C公司的项目经理。二审中，王某自认其属于C公司事业部下属的单个项目部的小组负责人。因此，应当认定王某属于《劳动合同法》第二十四条规定的负有保密义务的人员。此外，王某与 C 公司签订的竞业限制条款系双方自愿协商约定，符合《劳动合同法》第二十三条的规定，王某关于竞业限制约定自始无效的上诉理由不能成立。

由相关的法律规定和典型实务案例可以看出，面对离职人员带走企业技术秘密创业这样的窘境，企业应当从提前预防和后期处理两个方面做好工作。首先，提前进行相关规章制度和企业内部保护体系的搭建，以应对可能出现的纠纷。其次，若真的出现职工违反竞业限制协议、侵犯商业秘密的现象，企业应当及时掌握证据，提起诉讼，用法律武器维护自身的权益。

（三）冒用他人专利进行宣传会受到什么惩罚

专利是创新的象征，在现实社会中，如果有关产品是由专利转化来的，那么其生产者往往会在产品上对专利进行标识，从而起到对自己的产品进行宣传的作用，同时也能吸引消费者。作为消费者，不管是在现实中还是网上购物，在琳琅满目的商品中，如果有商品标明了是专利产品，那么消费者就会自然地在心理上提高对该产品的评价。很多时候，我们发现一些产品的电商页面上标明了该专利的专利号，有的商家甚至会直接将专利证书粘贴在商品的宣传页面。随着近年来社会公众的知识产权和专利意识的普遍提高，专利权人在其产品或产品包装上标注专利标识的现象越来越常见。除了宣传作用，此种标识还可能起到警示作用，警示他人不要未经许可仿制专利产品。

但是，也有不良的商家，其自身的产品并没有使用专利技术，却进行虚假宣传，使消费者误认为商家所销售的产品使用专利技术。这种行为如果使消费者产生误解，并因此购买了产品，可能构成虚假宣传，违反《广告法》的相关规定。而在专利方面，此种冒用他人专利进行宣传的行为，同样触犯了《专利法》，属于典型的假冒专利的行为之一。

假冒专利行为是指以非专利产品（方法）冒充专利产品（方法）的行为。因此，以非专利产品（方法）冒充专利产品（方法）的行为必然属于假冒专利的行为。同时，即使没有冒用他人的专利，仅仅是假装自己的产品使用专利技术，也属于假冒专利的行为。

《专利法实施细则》第八十四条规定，属于《专利法》第六十三条规定的假冒专利的行为有五种：一是在未被授予专利权的产品或者其包装上标注专利标识，专利权被宣告无效后或者终止后继续在产品或者其包装上标注专利标识，或者未经许可在产品或者产品包装上标注他人的专利号。此条中行为人标注专利标识的行为，既有可能发生在产品的制造过程中，也有可能发生在产品的销售、流通环节。无论是哪个环节，均构成假冒专利行为。二是销售前项所述产品。三是在产品说明书等材料中将未被授予专利权的技术或者设计称为专利技术或者专利设计，将专利申请称为专利，或者未经许可使用他人的专利号，使公众将所涉及的技术或者设计误认为是专利技术或者专利设计。四是伪造或者变造专利证书、专利文件或者专利申请文件。五是其他使公众混淆，将未被授予专利权的技术或者设计误认为是专利技术或者专利设计的行为。

根据《专利法》第六十八条，假冒专利的行为应当依法承担相应的民事责任，除此之外，由负责专利执法的部门责令改正并予以公告，没收违法所得，可以处违法所得 5 倍以下的罚款；没有违法所得或者违法所得在 5 万元以下的，可以处 25 万元以下的罚款。同时，当这种行为情节严重达到犯罪程度时，还可能会触犯《刑法》规定的假冒专利罪，法院可以根据《刑法》第二百一十六条和第二百二十条之规定依法追究假冒者的刑事责任。

其中，假冒他人专利的假冒者，直接侵害了专利权人的专有权，需要承担相应的民事责任。民事责任的大小以假冒行为给专利权人造成的损失以及假冒者获得的利益等作为参考来进行衡量。同时，假冒专利的行为还是一种行政违法行为，应当承担行政责任。假冒专利的行为侵犯的不只是消费者的合法权益，还损害了公众对专利标识、专利授权体系和专利制度的信任，破坏了专利管理秩序。这五种假冒专利的行为，其本质都是破坏专利标识制度，让公众对某产品是否被授予了专利权产生混淆。对于专利，消费者主要关注的是所涉技术或产品是否属于专利技术或专利产品，而并不在乎此项专利技术或专利设计的权利人是谁。专利是否被授权，是要经过国家知识产权局权威授权的。消费者信赖的是国家专利主管部门的权威授权，而非专利权人的“商誉”。因此，只要非法标识行为使得公众误认为所涉技术属于专利技术，并且情节严重，就应当属于假冒专利罪所规定的客观行为。当假冒专利行为情节严重时，还有可能构成犯罪。

另外，对于依法获得专利授权的产品，在对产品进行专利标识时，也应该规范地进行标识。根据《专利法实施细则》第八十三条，专利权人依照《专利法》第十七条的规定，在其专利产品或者该产品的包装上标明专利标识的，应当按照国务院专利行政部门规定的方式予以标明。专利标识不符合前款规定的，由管理专利工作的部门责令改正。而《专利标识标注办法》规定，标注专利标识应当标明下述内容：一是采用中文标明专利权的类别，如中国发明专利、中国实用新型专利、中国外观设计专利；二是国家知识产权局授予专利权的专利号。除上述内容外，可以附加其他文字、图形标记，但附加的文字、图形标记及其标注方式不得误导公众。在依照专利方法直接获得的产品、该产品的包装或者该产品的说明书等材料上标注专利标识的，应当采用中文标明该产品系依照专利方法所获得的产品。对于已经提交专利申请但未被授予专利权的产品，在该产品的包装或者该产品的说明书等材料上进行标注的，应当采用中文标明专利申请的类别、专利申请号，并标明“专利申请，尚未授权”字样。专利标识标注不当，构成假冒专利行为的，由管理专利工作的部门依照《专利法》的规定进行处罚。

从下述案例和点评，我们可以更加了解假冒专利的行为，从而提高甄别能力，在自身的专利被假冒时，快速有效地进行维权。

➲ 案例1

经举报查实，北京市一些主要大型电商平台的多家图书专营店铺销售商品名称为《学国学练好字》《唐宋诗词精选楷书硬笔字帖》的字帖共145件，均在平台的页面宣称“运用国家专利技术书写编写”“两项专利助你快速练好字”。经查实，图书在出版日期之前并无获得有效专利。北京市知识产权局依法责令电商平台停止销售上述产品并删除相关链接。

案例点评：《专利法实施细则》中，并没有对假冒专利行为的载体进行列举，一般假冒专利行为的载体有产品、产品包装、产品说明书、产品宣传资料、广告、专利文件、买卖合同、投标文件等。随着经济社会的发展，尤其是网络购物的兴起，在网页中利用专利进行宣传，虽然不属于法律列明的相关载体，但是只要能够使公众获知行为人的宣传行为，即属于假冒专利的载体。

➲ 案例 2

2020 年 5 月，江苏省某地市场监督管理局对某地人民医院和第二人民医院进行检查，发现 A 公司销售至上述两处医疗机构的留置针产品涉嫌假冒专利。上述产品的生产单位为 B 公司，产品名称为“一次性使用静脉留置针”。A 公司为 B 公司的销售商。A 公司销售至医院的留置针产品包装上均印有 ZL200720038724.0 的专利号，上述产品的销售金额合计 21.736 万元。

经市场监督管理局调查核实，B 公司确曾拥有上述产品的专利权，由于专利权期限届满，该产品的专利权在 A 公司销售上述涉案产品时均已终止。B 公司在产品的专利权终止后，继续将专利号印制在产品包装上销售给 A 公司。市场监督管理局认定，A 公司的上述行为违反了《专利法实施细则》第八十四条第一款第二项的规定，属于假冒专利行为。该局根据《专利法》第六十三条作出行政处罚决定，责令 A 公司改正违法行为并予以公告，没收违法所得 21.736 万元。同时将案件线索移交生产地处理。

案例点评：此案中，B 公司虽然之前的确拥有过相关的专利权，但是专利权授予是有期限的，过了专利权期限，B 公司就不能独占相关的专利，社会公众便可自由使用该技术。因此，对于无效的专利，A 公司便不能继续以专利产品进行宣传，其之前获得过专利授权的情况并不能阻碍其假冒专利行为的构成。

➲ 案例 3

2021 年 9 月 9 日，福建省泉州市永春县市场监管局组织执法人员对永春县 A 农家店进行现场检查，发现该店货架上待售的 9 包“咯咋好”泉州味精，外包装标注“本产品包装已申请外观设计专利，仿冒必究，专利号：201030132169.5”字样。经查证，上述专利权已于 2014 年 6 月 4 日终止。截至案发，该店共购进涉案味精 25 包，已售 12 包，其违法所得 100 元。鉴于当事人销售不知道是假冒专利的产品，并且能够证明该产品来源合法，办案机关依据《专利法》第六十八条、《专利法实施细则》第八十四条第一款第二项的规定，依法对该店销售假冒专利产品的违法行为没收违法所得 100 元。

案例点评：对于销售假冒专利产品的行为，《专利法实施细则》第八十四条第三款规定，“销售不知道是假冒专利的产品，并且能够证明该产品合法来源的，由管理专利工作的部门责令停止销售，但免除罚款的处罚”。由于产品的销售方一般并不具有完全辨别假冒专利产品的能力，因此，只要能够证明相关产品的合法来源，就不应使产品销售方承担过重的责任。此案中，相关产品的销售方能够证明其产品的合法来源，办案机关仅没收违法所得、不处以罚款的处理是适当的。

案例 4

2020 年 11 月 6 日，执法人员在某母婴用品店监督检查时发现货架上陈列的待售商品中有注册商标为“花知朵”的两种化妆品，产品外包装上均标示专利号：10−0812596。经核查，花知朵 ® 魅力精华液和花知朵 ® 臻润草本修护膏未取得国内专利。后查明，当事人于 2020 年 10 月 7 日从广州某生物科技有限公司购进其生产的化妆品花知朵 ® 魅力精华液 10 盒和花知朵 ® 臻润草本修护膏 23 盒，两种化妆品的包装上均标示专利标识“专利号：10−0812596”，该专利为韩国某公司取得授权的韩国发明专利（中文译名为“修复受损皮肤的天然来源组合物”）；广州某生物科技有限公司从广州某化工科技有限公司（该公司为韩国某公司指定的中国地区经销商）购买该专利产品作为原料生产涉案产品；广州某生物科技有限公司生产的花知朵 ® 魅力精华液和花知朵 ® 臻润草本修护膏未申请国内专利。截至执法人员现场检查时，花知朵 ® 魅力精华液被当事人负责人自用 1 盒，库存 9 盒；花知朵 ® 臻润草本修护膏被当事人负责人和店员分别自用 1 盒，被当事人以 380 元的价格销售 1 盒，库存 20 盒，当事人获违法所得 380 元。

当事人的行为违反了《专利法实施细则》第八十四条第一款第二项的规定，系销售假冒专利的产品，鉴于当事人不知道其销售的是假冒专利产品，并且能够证明案涉产品的合法来源，依据《专利法》第六十三条、《专利法实施细则》第八十四条第三款、《专利行政执法办法》第四十五条第一款第一项、《行政处罚法》第二十三条之规定，市场监管部门对当事人作出如下处罚：（1）责令停止销售花知朵®魅力精华液和花知朵®臻润草本修护膏两种包装标示假冒专利的产品；（2）没收违法所得380元。

案例点评：在本案中，涉案产品实际上是蕴含专利的，但并不是我国审批的专利，此种行为也构成假冒专利罪。专利具有地域性，由于各个国家的法律制度不同，对专利审查标准的把握也不同，因此，在我国销售的产品，只有在获得我国的专利授权之后，才能进行专利标识。虽然涉案产品已经获得了韩国专利授权，但是其并没有在我国申请专利，因此也不能在我国进行专利的标识，在涉案产品上进行专利标识属于假冒专利的行为。

第五章

如何让企业的“金果子”变成“金票子”

前面讲了如何将“金点子”变成“金果子”，随着各种“金点子”创新不断诞生并量产化后，“好种子”破土发芽结成了“金果子”。然而“点果成金”并非易事，如何用好这些专利的知识产权，让一个个“金果子”落地生根变成“金票子”，从而获取大量的财富变现，是每个生产者都需要认真考虑的现实问题。可以说知识产权一头连着创新，一头连着市场，是技术创新成果迈向现实生产力、实现价值转化的重要桥梁和纽带。我们既要利用专利的知识产权助力我们再创新，又要学会让职工将“藏在深阁”的技术成果变成“金票子”，让手里的知识产权产生最大的价值，使之商品化乃至“金融化”，以发挥最大的效益，还要学会利用知识产权的“武器”或者防守或者进攻，在市场竞争中立于不败之地。

一、专利价值的实现路径

有研究显示，专利对企业可以发挥七类价值：固化技术成果、防范经营风险、构建企业声誉、提供研发情报、限制竞争对手、拓宽融资渠道、获取许可转让收入。

如图 8 所示，七类价值又可以分为三个圈层，第一个圈层是专利的本体价值，第二个圈层是业务价值，第三个圈层是资产价值，意思是可以将专利视作企业的一类独特资产，用于获取收入或者融资。[①]

这七类价值在不同企业的研发和成长过程中、在不同的阶段都承载着不同的历史使命。有关调查显示，超过 75% 的企业在某种程度上都开展了专利运用，专利的多层次价值已经在中国的科技创新企业中取得共识。大多数企业认

① 《2022 中国知识产权年度调研报告》P21，P37–50.

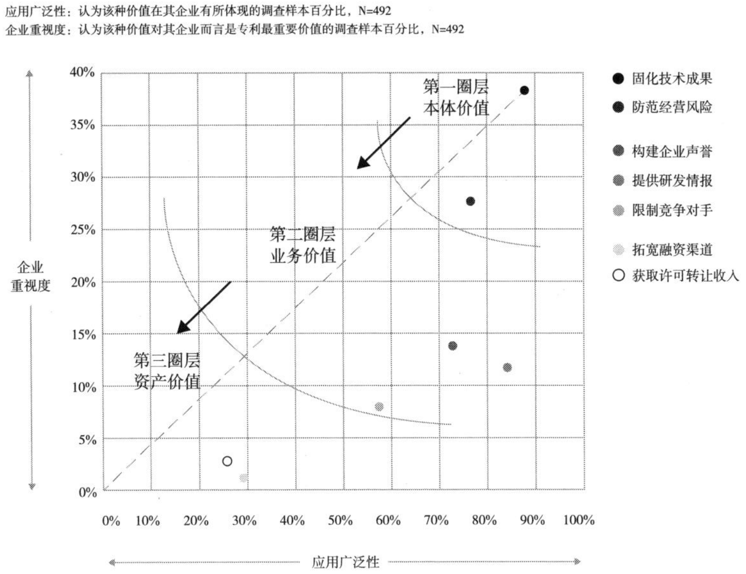

图 8　专利价值圈层结构

为在企业研发活动的前、中、后期均有来自专利的贡献，70% 的企业认为专利在固化技术成果、防范经营风险、提供研发情报中发挥了重要作用。在研发前期，可以通过专利信息情报分析等拓展研发创意，通过市场技术回顾支撑技术方案的决策等。84.5% 的企业都表示专利信息在企业发展中发挥了“提供研发情报”的信息价值。在研发中期，可以通过监控竞争对手、预警和风险评估，持续帮助研发推进技术决策。在研发后期乃至产品上市，通过专利申请固化技术成果，并通过专利风险进行分析预警，护航产品上市。在专利价值实现方面，对于初创期的企业，尤其重视专利的声誉价值、变现价值以及融资价值。一般来说，初创阶段企业往往面临迫切的融资需求但缺乏融资渠道，专利资产在一定程度上可以为企业拓展资金和资本。跨越初创阶段后，企业对专利的运用会更加多元和灵活。

二、专利信息利用的现状及问题

有效利用专利信息是提高企业技术创新能力、促进技术研发、规避知识产权风险的重要手段。通过专利情报检索分析、专利分析、专利导航、专利预警分析、专利监控等手段，为计划中的研发方向提供风险控制、趋势预测以及侵权应对等参考意见，能够帮助更好地决策研发技术方向。

在国家政策的带动和指引下，近些年，我国企业提高了对专利信息传播和利用的重视程度，但还存在一些问题。许多企业的研发人员和知识产权管理人员，合理有效的专利信息利用能力仍显不足。有些企业对专利信息的利用更多地局限在新产品研发和侵权纠纷领域，认为利用专利信息的优点就是研发新的产品，提高企业创新能力，实现产品创新，提高竞争力，忽略了其他领域如科研立项、技术贸易、进出口贸易等方面对专利信息的利用需求。同时，企业在对专利信息进行利用的过程中，离消化吸收再创新还有不小差距。

在知识产权的转化运用方面，国家知识产权局发布的《2022 年中国专利调查报告》显示，2022 年我国有效发明专利的产业化率稳中有升，达到 36.7%，较上年提高 1.3 个百分点。其中企业发明专利产业化率达到了 48.1%，反映了企业创新成果转移转化的主体地位不断增强。通过专利转移转化指数来看（见图 9），近几年我国专利转移转化指数均高于 50 的荣枯线（荣枯线的指数越高，专利转移转化的活跃度提升越快），反映了我国专利转移转化活跃程度持续处于上升趋势之中。但从世界来看，与发达国家专利产业化率普遍保持在 50% 以上的水平相比，还有不少的提升空间。

在各种方式的知识产权运用中，知识产权的转让、许可活动已经比较活跃，其中专利许可方面的应用尤其受到重视。我国有效发明专利许可率为

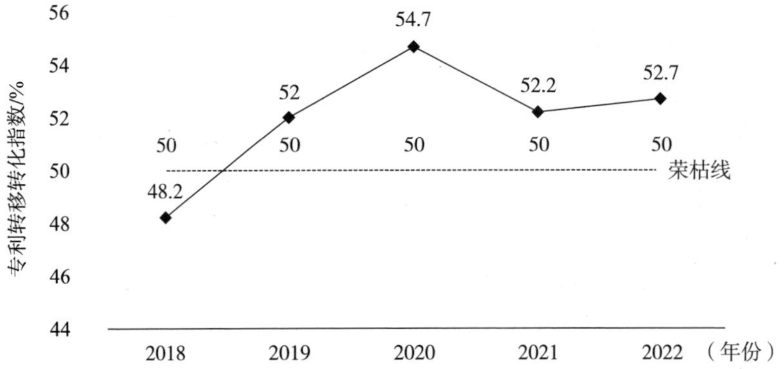

图 9　2018—2022 年专利转移转化指数

12.1%，较上年提高 1.7 个百分点。有 27.6% 的企业积极开展了专利的许可和转让，拓展了企业的收入。2021 年，中国专利许可的备案合同金额达到 120.3 亿元，同比增长 34.3%，许可金额增速显著高于专利申请的增速。专利质押作为知识产权领域相对成熟的融资应用，正在高速增长。2021 年国家知识产权局公布的数据中，专利和商标的质押融资金额分别达到 2199 亿元和 899 亿元，但相比较而言，我国的专利质押获得的直接融资难度仍然较大，仅有 29.6% 的企业通过专利质押等获取了融资渠道，并且体量相对发达国家差距较大，与高新技术企业、科创型中小企业日益增长的融资需求尚不能完全匹配。[①] 在运用专利作为竞争“武器”方面，有 57.9% 的企业都将专利作为主动开展商业竞争的“武器”，有四成的企业涉及专利诉讼，5 年涉及诉讼的金额可达到千万元量级，策略性的诉讼也已经相当普遍，表明企业普遍的风险意识正在逐步加强，渐渐学会了主动前置和识别风险。

如图 10 所示，不同阶段的企业利用专利诉讼来维护权益、进行竞争的表现和比例都不同，成熟的企业更加擅长利用主动的专利诉讼开展市场竞争。但有关调查显示，我国使用过境外专利的比例仍然是向境外许可或转让过专利的 2.1 倍，我国企业专利引进多、输出少的局面仍然明显。

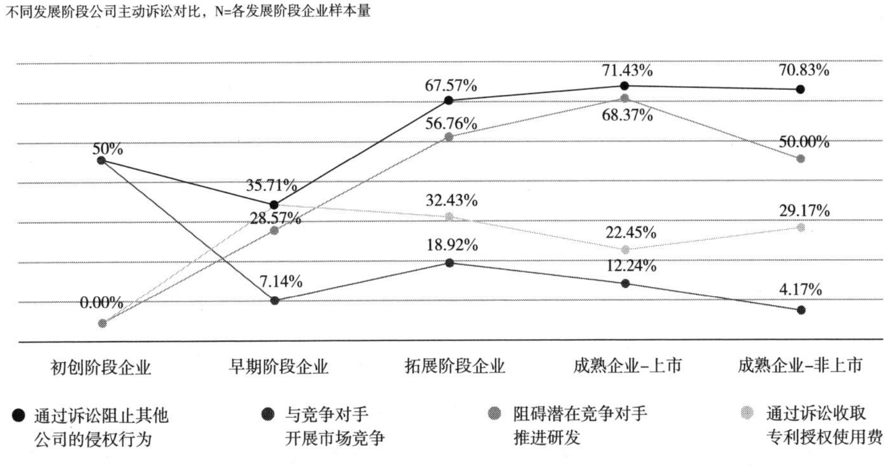

图 10　不同阶段企业对专利诉讼利用情况展示

---

① 《2022 中国知识产权年度调研报告》P17.

接下来，我们将会通过一些专利信息应用、专利转移转化、诉讼等的案例来详细介绍，我们应该如何运用好自己或别人的专利，希望能对制定适合企业自身的专利运用策略有一些启发。

三、从海量的专利信息中挖掘财富

很多的发明创造者都愿意将自己付出辛苦努力的创新成果和发明创造在第一时间申请专利，因而专利文献就好比是蕴藏丰富的资源库，是一种数据量非常巨大、内容极为广博的集技术、经济、法律信息于一体的信息资源和情报来源地，它及时、详尽地反映了各种专利文件的技术信息，是专利信息最重要的组成部分。据统计，专利文献基本涉及所有的技术领域，涵盖了全世界 95% 以上的最新科技发明成果，大到飞机、雷达，小至纽扣、圆珠笔尖，各种水平的发明应有尽有，人类取得的每一项新技术几乎都记载其中，并且内容翔实、准确，是最具权威性的世界技术的大百科全书，可以说是信息的海洋和巨大的宝库。随着信息技术的迅速发展，在线免费使用专利文献的大门开启，人们都意识到专利信息的潜在财富。

（一）利用专利文献，发现技改路线的捷径

第三次工业革命的浪潮是在信息革命的时代，以信息技术为主体的创造成为当今时代的重点发展趋势。近十年来全球各技术领域专利申请量大幅度增长，每年全世界公布的专利说明书就有 250 万件以上，并且还在不断迅速增加。全社会对加强专利运用，通过专利文献“挖金”，了解同行业技术状况，增强产品竞争力，促进经济发展有很高的期待。

早在 20 世纪，西方人就开始利用专利文献信息获得技术改进信息的启示，并进行发明创造。1938 年，匈牙利拜罗和他的弟弟申请了圆珠笔的专利，第二次世界大战期间开始在阿根廷生产。美国人雷诺兹从专利文献中得到了这个情报，1945 年，他设法弄到了一支这样的圆珠笔并带回美国。他在这个专利产品圆珠笔的启发下极力想制造出一种更加先进的新型圆珠笔，但是又不能与拜罗的现有专利相冲突。最后他在专利律师的帮助下，充分利用专利披露的技术信息，对原来的圆珠笔进行了很大的改进，并成功地推向了市场，销量反而

远远超过了拜罗的这一款圆珠笔。很明显，雷诺兹是巧妙地从他人专利技术给出的信息中得到了启发，找到新的研发思路，走上了技术改进的捷径，使产品获得更好的发展机遇。

一般来看，专利文献信息具有如下优势：第一，由于专利具有早期公开的制度设计，通过专利能够传播最新的科学技术信息。同一发明成果出现在专利文献中的时间比出现在其他媒体上的时间一般早 1~2 年，甚至有早 10 年以上的。第二，专利文献格式统一规范，高度标准化，具有统一的分类体系，便于检索、阅读和实现信息化管理。要满足获得专利权的必要条件，要求专利文献对发明创造的揭示完整、详尽并且保证能够实现。第三，专利文献的技术内容比较可靠，因为都经过了权威部门（国家机关或国际组织）严格标准程序的审查。第四，由于专利有地域性、时效性，绝大多数专利文献是公开出版的，人人都可以得到免费使用，而且由于专利的应用性强，很多的发明技术成果仅仅在专利文献中记载，并不会出现在会议论文或者期刊中。

在专利文献里，我们究竟能够获得哪些信息？由于专利的申请要求发明者尽可能地公开他们的技术方案，以便实施和精准地保护，因此专利信息中包含着大量的技术方案和技术细节。不仅如此，专利的申请文件中还包含发明者和发明者所在的单位；发明者所处的国家区域；专利权利的有效性状态；专利权的许可、转移、归属等代表法律状态的信息。

从定义上来说，专利文献主要是指各国专利局的正式出版物，包括专利说明书、权利要求书、说明书摘要、外观设计图片等，还有专利公报、专利文摘、专利索引、专利分类表等。有人也把专利文献中所包含的信息按照与商业竞争、市场布局、研发技术价值等的相关性具体归类为人才信息、技术信息、市场信息、权利信息。① 人才信息主要包括专利申请的发明人和其构成的发明人团队，对这些人才及其构成情况的挖掘和分析，为技术合作和人才引进方面提供重要信息。

---

① 国家知识产权局学术委员会组织编写．专利分析实务手册［M］．北京：知识产权出版社，2021：3-4.

技术信息主要包括专利申请中所有与技术相关的信息，既包括专利本身的技术内容、技术分类，也包括相关的引用关系，可以反映技术的借鉴、发展演变情况。

市场信息主要包括专利申请中的与国家或地域有关的信息，包含申请人、优先权、公开号中所反映出的这些信息，从这些信息中可以看出专利申请人或专利权利人在不同国家或地域的专利分布和布局情况。

权利信息主要包括专利由法律赋予的在一定时空范围内的排他权和垄断权的信息。这是专利信息区别于其他技术文献信息最突出的也是最特殊的信息之一。既包括与权利是否有效相关的法律专题的信息，也包括专利权人、专利权人的转移和专利权的许可等与专利权利归属有关的信息。掌握有关专利的权利信息对于及时对专利研发进行预警和侵权分析都至关重要。

那么，如何获得专利文献呢？一般来讲，专利文献的数据可以在国家知识产权局网站上的"专利检索及分析"中获得。此外，还可以通过市场上的商业数据库对有关的专利文献进行检索。一般可以按照专利的名称、分类号、发明人、申请人 / 专利权人、有关法律状态以及摘要、说明书中的有关技术或设计的要素进行检索，现在很多数据库也开发出了专门针对专利全文或图形的智能检索工具。

在众多复杂的专利信息中，技术信息是专利信息中最基本的挖掘目标。通过对专利文献中技术信息的发现和挖掘，可以帮助企业了解技术格局、创新热点以及研发路径，直接支撑企业的技术创新研发。通过对某一行业内或者对某些技术分支的专利文献分析，能够客观地反映出这一技术的总体发展态势、具体的技术发展路线以及行业内主要创新主体的研发动向和专利保护的策略，从而可以为国家、地区、行业和企业制定技术创新战略、研发战略和竞争策略提供有益的信息支撑。

对于技术人员，要学会善于在专利文献数据中总结产业发展态势和代表性技术及其相关专利，竞争对手在特定产品或者技术上的专利布局情况和技术研发的动向。通过对重点产品、重要技术专利的学习和了解，做到知己知彼，共享借鉴。通过对专利的预测性分析，经常可以对技术路线和历史趋势的转折或转变给出很好的解读和分析佐证，有助于及时判断和纠正研发方向。由此可见，利用好已有的专利信息，可以得到很多技术改进的创新性启发。

我们可以通过利用专利的时间特性，得到技术的发展脉络，从而推动技术改进。当研发人员需要了解某一技术领域的技术发展过程，或者了解某一细分技术的演进过程时，就可以检索专利文献。例如，A公司通过查看轮胎企业米其林集团的专利技术路线图，发现在2012年之前米其林集团主要依靠改变胎面橡胶组合物的成分及配比来提升轮胎在耐磨损、承重以及抓地力等方面的性能；2015—2016年，米其林集团主要依靠改变胎面结构来提升轮胎在耐磨损、承重以及抓地力等方面的性能；2017年后，研发改进点主要在于轮胎胎面，如刀槽、空腔等细微之处。在对领域全貌以及行业领先企业进行技术分析后，A公司的研发人员就可以获得研发灵感，接下来就可以对行业领先企业的重点专利进行研究分析了。找到这些技术内容相关的专利，通过大量的学习阅读，研发人员对未来的技术方向就有了把握，并且在参考了现有技术后，研发人员撰写的技术交底书也更符合专利撰写的要求。最终，A公司确定了即将研发的电动汽车专用轮胎具有更细的轮胎沟槽，以满足更大的抓地面积，轮胎承受更大的扭矩；新的胎面胶设计，以减少滚动阻力；重构轮胎内部的形状设计，以承载电池的重量。

再举个巧用专利信息进行转用发明的例子。以往的洗碗机喷淋不够强劲，洗不干净油污。通过利用喷淋领域的专利分类号，找到了用于金刚石切割的喷淋设备，这给了研发人员很大的启发，通过一定的分析和改造，将金刚石切割的喷淋技术转用到洗碗机上，得到新的技术方案。

此外，也可以从现有的专利信息中找到规避侵权的灵感。可以对关心的产品的主要申请人的典型技术和专利布局进行全面了解，在此基础上可以看到该领域常见的产品或技术细节改进的方式和路径，并对竞争对手产品的各种改进方式的效果、技术难度和成功的可能性也能够有所预判，为选择自己的规避方式提供参考。例如，上海新世纪机器人有限公司（以下简称新世纪）从2002年开始研发平衡车，而竞争对手赛格威（Segway）公司（以下简称赛格威）也正是在这一年实现量产的。一开始，新世纪无法向市场投放产品，因为无法绕开赛格威的专利技术，因此不得不进行专利规避设计。通过检索发现，赛格威的核心专利是“摇摆控制杆技术”，其操纵杆和车体是一体化结构，操控者身体姿态微微变化，传导到操纵杆以后，车体会迅速做出反应。从竞争对手的专利出发并绕过这项专利，新世纪采用了完全不同的技术路线，即旋转把控制技术。你可以将其简单理解为一种类似方向盘的设计，操控者身体发生变化，先由旋转把手转化为指令，传导到控制电机，然后驱动下面的车体做出反应。分别试骑一下赛格威和新世纪的产品，你会发现由于操控方式不同，形成的肌肉记忆也略有不同。反而是在竞争对手的这些专利壁垒所提供的技术启发下，新世纪对涉及风险专利的产品或产品中的某些特征重新进行研发、设计，使其产品具有差异化的特征，相当于再造了一辆平衡车。到了 2012 年，新世纪在国内外申请了“自平衡两轮车转向装置”“复位机构及具自平衡电动两轮机器人转向装置”“用于轻便车辆的转向装置”等发明专利，才将成熟的平衡车产品投向市场。①

（二）站在巨人的肩膀上，实现研发创新的突破

某地盛产核桃，农民在对核桃进行深加工去壳时全靠手工，既费时费力还难以保证质量。某机械制造厂看到了这个市场需求，于是组织了一批技术骨干，作为科研攻关任务研究开发核桃去壳机。大家呕心沥血、日夜苦战，历时几年，花费了几十万元，终于获得成功。高兴之余，有人提出：“还是申请专利吧，也好让我们的辛苦修成正果。”万万没想到，申请被专利局驳回，因为这种设备的专利国外在几十年前就有了，而且早已经过了保护期，拿来用就可以，无须任何花费。

这个教训是惨痛的。非常遗憾的是，这并不是个别现象，据统计，我国的科研项目重复率达到 40%；上海 63%的企业在研发前没有专利检索，甚至在国家重大专项研究中，也不乏重复研究问题。这意味着什么？是低水平重复，是巨大的社会资源浪费，大量人力、财力、物力的投入不仅打了水漂，甚至还可能造成侵权。避免重复研究的最好方法，就是事前进行专利文献检索。例

① 马天旗. 专利挖掘［M］. 北京：知识产权出版社，2016：126-152.

如，日本的专利在中国申请专利保护的远不到1/10，在日本受专利保护的技术大部分可以在中国免费使用。过了保护期的专利，未交年费失效的专利，已授权但又被专利行政机关宣布无效的专利，公开了但最终未被授权的专利申请，全世界任何人都可以免费使用，这些公开的技术都可以直接借鉴利用。还有一些外国企业仅在本国申请而没有在我国申请相关专利，其技术也可以在国内借鉴和使用。

在研发之前充分检索应用专利文献，对企业发展有至关重要的导航作用。在充分掌握现有的专利技术后，当信息掌握到一定的广度和深度的时候，就可以进行预测性的分析，综合判断之后再进行研发，既可以目标清晰少走弯路，又可以出其不意一击制胜。这就如同站在大量专利信息积累成的巨人的肩膀上，既可以看得远，又能够行得稳。

一般来说，专利的地位主要由细分领域专利的功能类型决定，通常可以将专利分为基础专利、核心专利、竞争性专利、互补性专利、支撑性专利、延伸性专利等类型。基础专利主要是覆盖了创新技术成果的核心或基本方案的最主要技术特征，为其提供最大保护范围的若干专利，这些专利发挥了对该技术成果最基础、最重要的保护和控制作用。[①] 要特别重视对基础专利、核心专利的了解和把握，从基础专利、核心专利出发进一步挖掘其延伸性、互补性的外围专利技术，使得对专利族的认识更加全面、系统。

由于专利是具有时间特性的，从对专利信息的研究分析中可以清楚地分析出技术发展的脉络，从提出技术最初的原始专利中可以看到技术的起源，以及该项技术的概念是如何产生的，也可以看到技术的应用方向，从具体应用延伸到产业链的各个方面。即可以从专利的技术发展趋势、成熟程度以及发展阶段划分、区域的分布、具体技术分布情况、行业专利领域竞争机会等信息中得到很多的参考。

专利技术在理论上按照技术萌芽期、技术成长期、技术成熟期和技术衰退期四个阶段周期性变化。在技术萌芽期阶段，技术还没有特定的针对市场，企

① 马天旗．高价值专利培育与评估［M］．北京：知识产权出版社，2018：133-138.

业投入意愿都较低，仅有少数几家企业愿意参与技术研发，并且可能是来自不同的领域或行业，可以看出这个时期的专利权人数、申请的专利数都较少。但这一时期的专利多数都是对行业产生重要影响的基础性专利。随着技术的不断发展，市场不断扩大，技术的吸引力凸显，介入的企业也逐渐增多，专利申请的数量会出现急剧上升，专利申请的集中度开始降低。当技术进入成熟期时，由于市场有限，进入这个领域的企业数量开始趋缓，可能只有少数企业继续从事持续深入研发。一般来讲，核心专利加外围专利形成的专利池会比较清晰，由于达到了一定的积累，总体的专利申请量增长速度会变慢并趋于稳定。最后，当某项技术老化或者出现更为先进的替代技术的时候，企业普遍在此项技术上获得的收益减少，这时选择退出市场的企业增多，主要的研发主体都将转向新的研发方向，将可以看到该领域新的专利申请会逐渐减少降温。由于技术的演进通常有一定的规律性，零星改进型的专利申请可能还会持续较长一段时间。按照这样的技术发展的一般规律性认识，研发人员可以根据不同时期专利申请的行为表现来判断技术的发展历程，判断所关心的技术所处的发展阶段和研发方向。

下面举几个通过专利检索分析得到重要信息的例子。

案例1

通过对自动驾驶领域的专利检索和分析，对决策控制方面核心专利研究对比，可以发现自动驾驶在决策控制方面的研究路线分为两支，一个是通过高级辅助驾驶逐步过渡到渐进式路线，另一个是自上而下研究无人驾驶的跃变路线。其中，渐进式路线是传统汽车企业配件厂商所倡导的，每个阶段的辅助驾驶技术都可以快速应用于整车产品中，增加产品上路行驶的安全性能，可以带来直接的经济效益。因此辅助驾驶的出现时间较早，而互联网企业进军车辆产品之后，更倾向于采用一步到位的跃变式路线。例如，谷歌自2009年成立无人车事业部以来，从综合控制、模式切换、故障诊断、车道车速调整等多角度进行研发布局，迅速完成了无人驾驶领域各个技术方向的专利布局，其产品也已上路行驶。从这个例子可以看出，互联网企业在传统企业的专利技术的基础上，发挥自身优势，更加全面、更加系统地集中式研发，另辟蹊径，实现了弯道超车。[①]

➲ 案例 2

近年来使用异种材料减轻车身重量成为一条必经之路，为了降低初期投资，尽量少改变现行设备，如何通过焊接工艺牢固连接异种材料越来越受到重视。通过全球的专利检索可以发现，目前汽车轻量化中异种材料连接的研究主要涉及钢和铝、钢和镁以及复合材料等，其中，铝是目前应用最成熟的轻质材料，围绕钢和铝之间的焊接工艺专利布局相对也是最多的。

我们可以就关心的问题从抓住某方面信息出发，例如梳理一下重点企业的研发人员，可以发现很有意思的事情。

通过分析全球焊接工艺前十名重要发明人的专利申请发现，前十名重要发明人和其他发明人共同形成了三个独立的团队。第一团队是以李文庸（Lee M. Y.）为核心发明人的韩国星宇科技株式会社团队，韩国星宇科技株式会社是生产汽车车体的专业厂家，是韩国现代和起亚主要的一级供货商。第二团队是以 D.R. 西勒（Sigler D. E.）为核心发明人的美国通用汽车团队。第三团队是由 6 家日本企业组成的日本发明团队。日本发明团队中，发明人申请量排名第一的来自新日铁，其申请量占了一定优势，其在研发高性能材料的同时也在汽车轻量化材料用工艺（包括焊接工艺）方面不断创新。分析新日铁重要发明人宫崎康信所在团队的授权专利发现，其进入中国的专利申请共 12 件，目前已授权 5 件，具体涉及弧焊、激光焊和电阻焊 3 种焊接方式；按照焊接对象分类，涉及镀铝钢板、高强钢和不同厚度的异种钢板焊接。及川初彦所在团队进入中国的专利申请共 6 件，目前已授权 2 件，具体涉及弧焊和电阻焊，主要以电阻焊为主，其专利申请涉及的焊接对象集中在高强钢。稍加整理和分析我们就可以很快得到这些重要的发明人信息。[②]

---

① 产业专利分析报告（第 58 册）：自动驾驶［M］. 北京：知识产权出版社，2017.

② 前沿技术领域专利竞争格局与趋势［M］. 北京：知识产权出版社，2019：189–190.

表 8　汽车专利及发明人

团队	所在公司	重要发明人
1	新日铁	宫崎康信（MIYAZAKIY）、及川初彦（OIKAWA H）
2	马自达	田中王治（TANAKAK）
3	住友金属	福田敏彦（FUKUDA T）
4	JFE	松本刚（MATSUMOTO T）
5	神户	池田伦正（IKEDAM）、谷口公一（TANIGUCHIK）
6	东急车辆	河田直树（KAWADAN）

通过专利的信息我们一下就掌握了全球在某一领域重要的专业人物，如果再进而展开对这些重要的研发人员所发表的学术论文、其他的技术文章和言论加以持续关注，将可以获得这个领域更多重要的技术信息，一定可以大受启发。甚至有些竞争对手企业还会有针对性地进行人才引进，将这些技术研发精英据为己有，这就不仅仅是站在巨人肩膀上的问题了，可以说是直接拥有了巨人。

通过专利信息的分析也可以揭示企业合作的意图。例如，我们在对某些跨国公司智能汽车专利技术动向分析中，从一定程度上揭示巨头企业的合作目的。谷歌作为一家从事自动驾驶智能汽车研发的互联网公司，先后与博世、采埃孚、LG、英伟达等公司开展合作。福特作为一家传统的汽车企业，也先后分别与丰田、高通、微软等公司建立合作关系。在智能汽车领域所申请的专利库中，根据汽车的技术分支体系，如转向控制、动力控制、车辆配件、人机交互、汽车安全、传感器检测、导航、车辆通信等技术方面，分别对谷歌、博世、福特、丰田等四家公司在各个技术分支上的专利进行标引和对应，如图 10 所示。可以很快发现规律，各方合作的目的主要是在技术上取长补短。谷歌选择与博世开展合作，可能由于其在传统汽车领域的技术积累比较单薄，为了借助博世在转向控制、动力控制和人机交互等方面独特的技术优势，实现对无人驾驶的技术突破。福特与丰田合作的目的是融合福特自身在车载通信、汽车安全、传感器检测等方面与丰田在转向控制、动力控制等方面的技术优势，加速车载系统开发。[①]

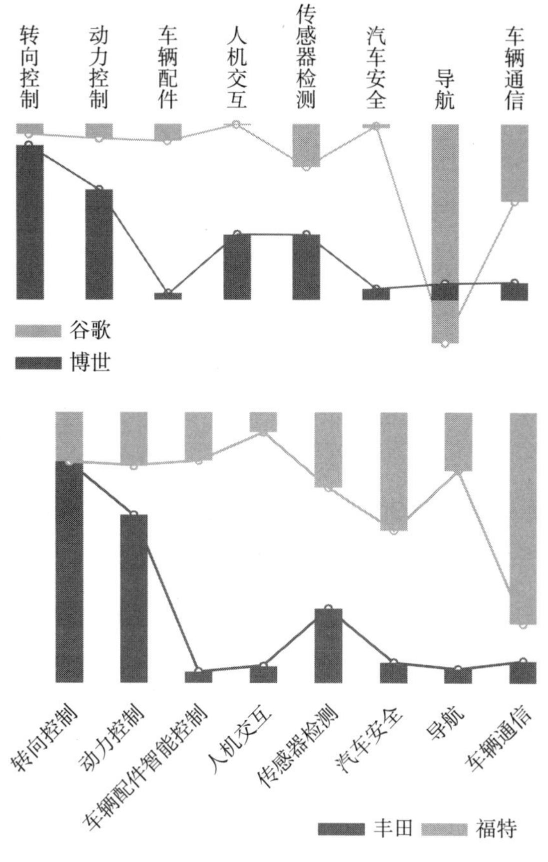

图 11　谷歌与博世（上）以及福特与丰田（下）的专利对比

（三）巧用专利信息分析，知己知彼，实现弯道超车

通过对专利中所揭示技术竞争格局的分析，可以及时了解和掌握本企业所涉及的产品或技术领域与竞争对手相关的动态战略情报，服务于本企业的竞争战略决策。有研究表明，善用专利文献平均可缩短 60%的产品研发时间，节省 40%的研发费用。也可以为科研导航，及时了解最新技术状况和发展趋势，启发创新思维，提高科研起点，借鉴他人成果，可以避免重复劳动，少走弯路，同时还可以避免侵犯他人专利权。

① 专利分析实务手册（第 2 版）[M]. 北京：知识产权出版社，2021：19-20.

结合前面的案例，我们可以进一步总结企业和研发人员通常采用的专利检索的类型和角度，针对不同的阶段和重点可以从以下几个方面考虑。

1. 专利预期检索

对尚未申请专利的完整技术方案或申报项目，进行专利文献检索和非专利文献检索，可以对现有技术有充分的了解，便于发明的改进和授权。这就是利用专利文献发现技改路线的捷径。

2. 专题技术信息检索

有针对性地对某企业或自身所研发的技术主题进行专利检索，一方面可以了解竞争对手的技术路线，另一方面可以获取大量的前期成果，这就是站在巨人的肩膀上，实现研发创新的突破。

3. 专利检索的时机和各类信息获取

首先要在撰写专利时检索。这个时候的针对性检索可以更好地确定背景技术、申请的改进之处，确定合理权利要求的保护范围。

法律状态检索。这就是所说的获取权利信息的重要途径，通过确定专利目前是否有效等信息，为企业合并、融资等决策提供帮助；发现有价值的“过期”专利，既降低企业的研发成本，又可以帮助企业增加效益。

同族专利的检索。针对同一主题在哪些国家或地区申请了专利，了解专利权人的市场动向，可以为企业的产品出口等决策提供参考信息。

专利侵权检索。可以了解存在的侵权风险和面临的侵权危机，并指导如何正确应对侵权诉讼。

技术跟踪检索。对某技术、某企业的国内外专利进行定期检索，实时掌握最新的专利信息，了解技术发展动向，有利于研发人员正确地运用专利技术加快创新开发，激发研发团队产生新的创意，及时调整研发方向。可以说，这样的专利检索是缩短研发周期，低成本实现弯道超车的有效路径。①

在支持专利信息分析和获取方面，目前国家知识产权局陆续发布了一些政策支持项目，有针对性地帮助创新主体提升专利信息获取的能力，规避知识产

---

① 企业专利常见问题解答［M］. 北京：知识产权出版社，2012:73-74.

权风险。如果创新主体充分了解并能得到有关政策的支持，会对自身的研发创新产生事半功倍的效果。

2013 年，国家知识产权局《关于实施专利导航试点工程的通知》就提出，以专利信息资源利用和专利分析为基础，把专利运用嵌入产业技术创新、产品创新、组织创新和商业模式创新。2021 年，国家知识产权局又发布了用于指导和规范专利导航工作的《专利导航指南》系列国家标准，针对企业不同的需求和目标，开展不同侧重点的信息服务。《专利导航指南》主要包括产业专利分析、知识产权分析评议和专利储备运营，并明确了相应内容。

1. 产业专利分析。可以进行产业情报分析、产业专利分析、专利价值和运用分析。产业情报分析包括一定区域内部和国内外产业发展环境分析、产业发展路径分析。产业专利分析包括基础专利态势分析，如专利技术发展趋势、专利区域分布、专利主要申请人、专利技术主题、技术路线演进中关键专利分析、重点技术的专利功效矩阵分析、新增或衰退技术主题分布分析、重要专利权人、专利技术主题分析等。专利价值和运用分析包括专利布局策略分析、专利运用策略分析（专利许可、专利并购、专利诉讼、专利融资、专利联盟、专利标准化等）、专利预警和维权分析。

2. 知识产权分析评议。是指综合运用情报分析手段，对经济科技活动所涉及的知识产权尤其是与技术相关的专利等知识产权的竞争态势进行综合分析，对活动中的知识产权风险、知识产权资产的品质价值及处置方式的合理性、技术创新的可行性等进行评估、评价、核查与论证，根据问题提出对策建议，为政府和企事业单位开展经济科技活动提供咨询参考，对于避免知识产权风险具有极为重要的意义。① 知识产权分析评议的内容主要包括法律类分析模块、技术类分析模块和市场类分析模块。其中，法律类分析模块包括知识产权法律信息查证、知识产权权属关系查证、知识产权法律风险分析、知识产权相关权利义务调查、目标市场知识产权法律环境调查、知识产权相关协议条款审查、知识产权稳定性评价、知识产权保护强度评价等；技术类分析模块包括专利技术

① 韩国知识产权局 2013 年支持 3885 个政府专利分析评议项目.

趋势分析、专利技术竞争热度分析、创新空间分析、创新启示分析、技术可代替性分析、技术核心度调查、技术创新度评价、技术成熟度调查等；市场类分析模块包括产业知识产权竞争状况调查、知识产权关联度调查、目标对象知识产权策略及实力评价、知识产权资产审计与评估、知识产权经济效益调查等。

3. 专利储备运营。专利储备运营主要包括专利储备、专利分级和专利运营三个方面。专利储备是根据专利分析的结果，围绕产业规划所确定的重点领域，开展与产业发展相关的核心技术专利、关键零部件专利、企业核心专利及专利组合的储备。主要涉及优质专利培育、专利组合、专利收储、专利托管、专利布局。专利分级包括专利分类、专利评级、专利价值分析、专利筛选与评估等方面。专利评级是对运营专利按作用、市场价值进行评级。专利价值分析主要包括技术、经济和法律三个维度。法律价值维度包括稳定性、有效期、专利侵权可判定性、多国申请、专利许可状况、不可规避性、保护范围指标。技术价值维度包括先进性、行业发展趋势、可替代性、适用范围、配套技术依存度、成熟度、技术寿命周期指标。经济价值维度包括市场应用、市场规模前景、市场占有率、竞争情况、政策适应性、专利贡献度、市场准入指标。专利筛选应包括以下五个方面内容：（1）收储或托管专利是否符合产业优先储备专利要求；（2）是不是领域内核心技术、工艺关键零部件专利；（3）是不是园区或行业内企业急需的专利；（4）专利质量是否符合要求；（5）是否可纳入未来专利池。建设专利筛选后，需进行进一步评估，以确定是否收储或托管。①

四、善用专利技术创造财富

专利技术是合法的无形财产权利，可以独占市场、享有定价权，从而获得利润；可以作为市场竞争的“武器”，占据有利地位；可以进入标准，形成行业规范。例如，高通每年靠苹果、华为这些手机巨头给的专利费就可以赚几十

① 宋河发．面向创新驱动发展与知识产权强国建设的知识产权政策研究［M］．北京：知识产权出版社，2018：246–247.

亿美元。

（一）揭开各行各业最隐秘的核心技术

在很多的行业里，核心技术的专利大多都掌握在少数企业的手中，在这些领域的发展中，具有强大自主知识产权专利的企业利用这些专利取得了在行业的优势竞争地位。我们可以看到，在市场竞争中，专利制度如同一把双刃剑，一边鼓励着创新，一边却是技术独占。对专利技术的掌控，给这些企业带来了高利润回报，而核心专利也成为让竞争对手难以超越的拦路虎。

汽车工业作为具有龙头地位的现代工业体系，它可以构成一种重要的产业增长极，带动一大批相关产业的发展。同时，汽车领域的“卡脖子”技术很多，汽车的核心、关键零部件技术一直掌握在少数企业手中。从表9中可以轻易看到，一辆汽车的核心部件都由谁掌握着。

表9　汽车工业核心技术及技术使用品牌

汽车部件	技术拥有企业	技术使用汽车品牌
汽油发动机	日本三菱	奇瑞、吉利、华晨、比亚迪、众泰、哈弗等
柴油发动机	日本五十铃、美国康明斯	中国皮卡、轻卡、轻客、宇通、金龙、青年、中通等
重型变速器	美国伊顿、德国采埃孚	中国重汽、东风、一汽、福田等
轿车变速器	爱信公司（丰田控股）	比亚迪、东南、长城、华晨、长安、名爵、荣威等
天窗系统	德国伟巴斯特	劳斯莱斯、宾利、奇瑞、夏利等
汽车外观设计	博通、宾尼法瑞那、乔治亚罗、意迪亚	兰博基尼、菲亚特、玛莎拉蒂、别克Lido50、凯迪拉克敞篷车、雪佛兰鲁米娜MPV、大众高尔夫、帕萨特等
发动机设计	奥地利AVL、德国FEV、英国里卡多（Ricardo）	奇瑞、潍柴、锡柴、大柴、一汽、上汽、华晨、长城等

在汽车行业还有一个隐秘的独家垄断。关注汽车的人都不会对热成型钢陌生，但可能大家不知道的是，全世界的车用带铝硅镀层热成型钢供给几乎被一家公司控制。为了实现汽车的轻量化，汽车企业一直在寻找高强度钢代替低强

度钢，强度提高意味着钢板可以变得更薄，从而减重。热成型钢作为一种用于高强度钢板冲压成型的热成型技术，完美解决了高强度钢板与塑性之间的平衡，被普遍应用于现代汽车生产行业，也成为汽车行业抢占市场的重要卖点。

19 世纪 80 年代，瑞典人率先将农机上的一项技术移植到了汽车上，收割机的刀口是把低强度钢烧热以后冲压成型，冲压过程中给材料快速冷却，刀口强度就变得非常高。工艺本身没有多少难度，手工业时代铸剑就是把剑烧红，敲打之后再用冷水淬火，以增加剑的刚性和硬度。瑞典人把这种工艺制成的钢板用在了汽车上，但起初的 20 多年并没有推广开，只在沃尔沃、萨博几款小众车型上的小零件上使用。因为钢板需要经过 900 多摄氏度的加热然后冲压，表面会产生氧化皮，冲压时氧化皮很可能掉落进模具，使得模具被污染。氧化皮的产生还会影响焊接、涂装，后续处理难度极大。

1999 年，全球最大的钢铁公司安赛乐的前身公司发明了一种铝硅镀层技术并申请专利，解决了热成型钢的所有问题，既不会生成铁的氧化物，也不用任何清洗就可以直接焊接、涂装，专利精准锁定了热成型钢部件在汽车领域的应用。正是这个技术让钢板的热冲压变得和冷冲压一样简单高效，又能获得热冲压的高强度特性，热成型钢这才普及起来。就是靠这一系列核心的专利技术，安赛乐统治了该领域超过 20 年。从那以后，全球钢铁企业、一级供应商和整车厂在热成型钢零部件上都被安赛乐卡住了脖子。安赛乐除了自己供货，也会将专利许可给全球极少的几家钢铁公司生产销售，收取高昂的专利许可费。安赛乐这个独门生意有多赚钱呢？一般汽车用的高强度钢每吨 5000 元左右，而安赛乐专利的铝硅镀层热成型钢每吨超过 8000 元，贵了 60%。超高利润率让其他钢铁巨头既愤怒又毫无办法，要么被关在市场的门外，要么挤破头高价买授权，要么冒险做非授权的盗版，而安赛乐则挥舞着专利大棒到处敲打着这些不得不侵权的一级供应商。

在集成电路设计领域更是如此，从全球范围内的竞争格局来看，EDA 行业市场集中度较高。楷登电子（Cadence）、新思科技（Synopsys）和西门子具有明显的竞争优势，处于垄断地位，共占据了全球市场 78% 的份额。目前，国外三巨头通过将知识产权授权与 EDA 销售捆绑在一起，为客户提供更加完整高效的芯片设计方案，与下游头部客户打造了完善的EDA服务生态，使EDA技术与工艺、制程相辅相成，共同发展。知识产权授权已经成为新思科技与楷登电子两大EDA巨头的重要收入来源。以2020年为例，新思科技研发投入达到12.8亿美元，而国内的华大九天和概伦电子分别仅为1.8亿元人民币、0.5亿元人民币，这也导致国产EDA工具与海外龙头依旧存在较大的差距。从专利申请这一核心指标上来看，同样正好印证了这一点。智慧芽的专利数据显示，新思科技目前共有4698件专利申请，远远高于国内EDA龙头华大九天和概伦电子的327件、22件。

在众所周知的医药领域，这样的例子比比皆是，世界上的知名医药企业掌握着原研药物的大部分专利，在行业内不断巩固着领先优势，这些障碍让后来者难以超越。据incoPat创新指数研究中心与IPRdaily中文网联合发布的数据，对2020年公开的全球生物医药产业发明专利申请数量进行统计排名，入榜前100的企业和医院主要来自14个国家和或地区，排在前列的都是瑞士、美国、德国等发达国家的跨国企业，其中专利1000件以上的企业有3家，罗氏（Roche）以2122件专利排名第一，诺华（Novatis）以1336件专利排名第二，默克（Merck）以1222件专利排名第三。来自中国的恒瑞医药（471件）排名第16位，正大天晴（220件）排名第32位，药明康德（165件）排名第47位。相比之下，差距还是非常大的。从上面的这些例子可以看出，在高科技领域，以自主知识产权的技术占据行业的领先和前沿地位是普遍的现象。要想立于竞争的不败之地，既要有先进的技术，又要有完备充分的知识产权保护，还要灵活地运用好这些知识产权为企业发展保驾护航。

（二）专利保护战打响没有硝烟的战争

以专利为武器占有市场，打法最透明的就是专利诉讼，如专利的维权诉讼或行政投诉。维权一旦成功，竞争对手轻则赔偿专利权人许可使用费，重则不能继续使用该专利技术，在竞争中专利权人往往希望通过这种方式遏制竞争对手的研发及市场占有，借此实现打压竞争对手的目的。但我们也要从另外一种角度来认识，虽然专利是一种专有权利，但专利权并非一定意味着垄断。专利战大多数本身其实也不能算作恶意竞争的范畴，它反而是在竞争中以相对公平的方式保护、鼓励创新，推动着世界科技进步和发展。

正如前面第三章所说的 DVD 机专利的案例，也同样是专利保护战所导致的产业颠覆的典型案例。由于万燕公司的创始人并没有去申请专利，导致万燕公司生产的第一批 1000 台 VCD 机被抢售一空，也成为国内外家电公司早期的解剖对象。后来国外公司在 DVD 机上采用的激光视盘技术，正是基于 1994 年万燕公司制定的 MPEG-2 标准演化而来，虽然这个标准实实在在是由中国制定，但是专利权已经不属于万燕公司。2001 年，中国的 DVD 机出口量已经占世界总产量的 70%。由日立、松下、JVC、三菱、东芝、时代华纳几家巨头组成的“6C 联盟”，以及由索尼公司、先锋公司、飞利浦公司组成的“3C 联盟”，开始以收取专利费的方式，向中国 DVD 产业发起了进攻。“6C 联盟”于 1997 年就公布了专利，从 1999 年开始向各企业发函告知缴纳专利费，但在与中国的 DVD 厂商进行专利谈判的一年多里，“6C 联盟”一直按捺不发，却突然在全球 DVD 机市场需求量达 4000 万台，中国制造占 90%的时候发起攻势。等鱼养肥了再捞，这是专利攻防的惯用战术。毫无还击之力的中国 DVD 企业拿不出任何筹码去应对，只能对所有谈判条件言听计从。到 2005 年，一边是中国的 DVD 机产量依旧占全球总产量的 90% 以上，另一边却是 DVD 制造商在不断合并、关停，从 400 家锐减至 150 家。就这样在海外专利战的进攻下，中国 DVD 企业一步步地沦为海外的代工厂。这个教训可谓是惨痛的，没有专利保护的企业无异于裸奔，在面对猛烈的专利攻势时毫无还手之力。

20 多年过后的今天，国内外很多企业早已将知识产权维权体系纳入常态化管理，专利保护大战此起彼伏，例子举不胜举，侵权、确权、诉讼、禁令、反诉……各种“武器”轮番交火，有的旷日持久，有的几方混战。让我们再来看几个案例，嗅一下专利大战的硝烟味道。

➲ 案例 1：三星 V.S. 苹果、三星 V.S. 华为的专利混战

2010 年以来，手机专利市场烽烟再起，群雄逐鹿。先是三星和苹果围绕三星的第一代产品 Galaxy S 和 iPhone 在外观设计和应用型技术领域进行了持续升温的专利大战。2011 年 4 月 15 日，苹果在美国针对三星提起诉讼，称三

星侵犯了苹果的专利权。苹果指责三星“偷窃”了部分 iPad 和 iPad2 的设计，向三星索赔 25 亿美元，并要求停止销售其平板产品，并在欧洲多国申请了初步禁令，随后三星在多国反诉。2012 年 8 月，美国加州圣何塞法院就苹果诉三星专利侵权一案作出判决。陪审团裁定，三星故意侵犯苹果公司多项专利，应向苹果付 10.51 亿美元损失补偿，而苹果未侵犯三星公司任何专利。三星不服判决，继续上诉，双方争议不断升级，三星要求法院裁定陪审团 10 亿美元的专利侵权罚款判决无效，苹果方面则要求法院禁止三星在美销售部分型号的智能手机。直到 2018 年 5 月，美国陪审团重新审理此案，并达成一致裁决，将赔付金额改为 5.386 亿美元。双方边打边谈，此间，双方还进行了多轮的和解谈判，终于在 2018 年 6 月就专利诉讼达成和解，结束了长达 7 年的专利诉讼持久战。

就在三星与苹果进行旷日持久的专利“世纪大战”之时，来自中国的华为也加入专利大战。华为终端屡屡透露想要在全球市场超越三星的雄心，通过专利发难被视为重要的一步棋。华为抓住时机，2016 年在中国和美国同时发起了对三星的专利诉讼，率先以专利侵权状告三星，称三星未经授权在其手机中使用了华为的 4G 蜂窝通信技术、操作系统和用户界面软件等，而这些专利对智能终端产品的用户体验和互联互通十分重要。三星毫不示弱，在美国发起反诉。三星和华为在中国市场相互起诉侵权，并不断地对对方涉及侵权的专利提出无效。从结果看，三星起诉华为专利侵权系列案件中，三星的涉案专利经无效宣告审查被判无效率为 62%，而华为诉三星专利侵权系列案件中，涉案专利经无效宣告审查被判无效率为 31%，可以说缠斗交织，不分胜负，直到 2021 年，华为和三星之间的各类诉讼仍在持续。

➲ 案例 2：OPPO V.S. 夏普专利拉锯战

自 2020 年以来，OPPO 和夏普在多个国家及地区进行了专利诉讼和争议。首先是夏普起诉 OPPO 的部分专利技术涉及 LTE 通信标准专利等，在夏普发起诉讼后，OPPO 几经权衡迅速做出了反应，应对挑战最好的方式是边打边谈。夏普在德国慕尼黑起诉 OPPO 时，深圳市中级人民法院也在 OPPO 的申请下签发了禁诉令。然而仅仅在禁诉令发出的 7 小时后，慕尼黑第一法院便签发了反禁诉令，责令 OPPO 公司申请撤回深圳中级人民法院的禁诉令。一个禁、一个反、一个再反……OPPO 与夏普在欧洲战场上反复交锋，在日本东京和中国台湾，OPPO 也向夏普发起了反诉。2020 年底，在夏普发起诉讼不到一年时间，深圳市中级人民法院针对 OPPO 诉夏普案作出管辖异议裁定。夏普又向最高人民法院提起了上诉，8 个月后，夏普向最高人民法院提起的上诉被驳回。在双方 1 年 9 个月的专利纠纷期间，OPPO 一共无效掉了数十件夏普涉诉专利和中国同族专利。同时，OPPO 发现夏普在日本销售的手机用到了 OPPO 的快充技术，因此又反诉反击攻下了夏普最重要的两座城池——日本市场和中国台湾市场。双方的专利拉锯战历时近 2 年时间，双方终于达成专利交叉许可协议及合作，这个协议涵盖了双方终端产品实施通信技术标准所需全部专利的全球专利许可，就此 OPPO 和夏普专利战场的硝烟才算是逐渐消散。

从上面几个案例我们看到在以复杂产品系统和累积创新为特征的高技术产业里，“专利丛林”现象非常普遍，为弥补单个专利专有权有限的缺陷，应对“专利丛林战”，当今专利世界正由以单个专利竞赛为特征的战术竞争向以专利群为特征的战略竞争转变。很多公司通常不会公开自己真正的核心专利，而将特定技术分拆成好几个专利进行注册，或者在多个国家注册，称为“专利群”。这些全球的专利大战都是组群式、集团式的混战，利用核心加外围的专利群集团作战，在一定程度上也是技术专利实力的展示，一方面增加了对手应对的难度，另一方面可以取得更高的赔偿或交叉许可的要价，在谈判中占据优势。

（三）知识产权标准化让财富增值

专利与标准结合的方式一般为三种：一是标准必要专利，是指标准规定的技术方案在专利保护范围之内；二是标准实现类专利，是指标准没有明确规定技术方案，但标准实施时通常只能通过该专利方案来实现；三是标准商业实现类专利，是指标准实施可能有多种方案，但专利方案是商业上可行或较优的方案。企业运用专利参与标准化工作的目标是尽可能通过产品开发与标准研究相结合实现“专利标准化”。

但应注意，随着标准和知识产权政策的发展，这项工作的难度正在不断增大，因为某些行业对于专利能否嵌入标准保持警惕和审慎的态度。所以，专利和标准融合除了要考虑“专利标准化”之外，还要研究“标准专利化”，也就是围绕现有标准做专利布局。事实上，多数情况下，企业首先要做的是“标准专利化”，通过研究和分析已有标准，寻找可能的专利布局方向。随着标准的不断发展，这些专利有可能为企业参与已有标准修订甚至新标准制定创造条件，也有可能增强企业在参与标准相关工作中的话语权甚至主导权。

围绕已有标准进行专利布局也就是“标准专利化”，简单地说就是围绕标准尽可能多、尽可能有效地布局一定量的专利。需要考虑的因素包括以下三个方面。

1. 需求引领。在外部标准化活动中，使用各种手段引导标准的发展，重点在于需求方面的引导，一旦标准化组织有可能获得这种引导所产生的惯性，就积极组织专利策划，迅速完成专利布局，搞上一个“口袋阵”。

2. 补全标准。针对标准中的“空洞”，即那些可能涉及专利，因此没有人愿意在标准中把这件事情说清楚的方面，在知识产权方面做文章，用自有专利把这些“空洞”填平。

3. 标准关联技术。针对标准中已经明确规定的功能需求，可以开展专利布局。例如，标准中规定了一种信令的功能需求，就可策划实现这种信令的硬件装置来申请专利。再比如，标准中规定了某个装置应该有某一个性能指标，也可策划对这个性能指标进行调节的方法或系统。

围绕标准发掘专利不同于围绕产品和技术方案发掘专利。标准通常由各类要素构成，一项标准的要素可分为资料性概述要素、资料性补充要素、规范性一般要素和规范性技术要素。标准中的规范性技术要素是标准的核心内容，也是开展专利布局的基础。围绕已有标准进行专利布局的基本策略可以有如下几种：

1. 覆盖型专利布局策略。当标准的技术要素未规范具体技术方案时，可以采取“广撒网”的覆盖型专利布局策略，设计或提出尽可能多的技术方案，这些技术方案足以覆盖标准技术要素相关的多种具体技术方案。

2. 市场引导型专利布局策略。当标准中规范有比较明确的方案但该方案并非实现该标准的唯一方案时，可以围绕可选的方案发掘标准相关专利，并尽可能地挖掘和布局商业上可行或较有潜力的优化技术方案。

3. 包围式专利布局策略。当标准中规范有比较明确的方案且该方案是实现该标准的唯一方案时，可以围绕该方案布局标准必要专利；如果已存在标准必要专利，则要针对标准必要专利采取外围专利布局策略。①

针对汽车领域，就通信技术与其深度融合可以看到标准必要专利对一个行业产生的深远影响。随着智能汽车时代到来，通信技术在汽车领域的应用越来越广泛，近年来车用 5G 通信技术发展迅猛，标准必要专利竞争格局非常明显。据有关研究报告分析，截至 2020 年 1 月 15 日，全球范围内的车用 5G 通信技术标准必要专利共有 1281 项（4660 件），九成来自中国、美国、韩国、日本和瑞典。其中，中国以 769 项标准必要专利位居全球第一，是排名第二（美国 212 项）的 3 倍多；六成以上专利布局在中国、美国、韩国、日本和瑞典，其中中国是最大的目标市场，1/4 的专利（约 1136 件）布局在中国，是排名第二（美国 743 件）的 1.6 倍。

上述标准必要专利主要掌握在华为、高通、LG、OPPO、中兴、三星、英特尔、电信科学技术研究院、NTT 和爱立信等申请主体手中。从技术角度看，通信端和应用端的专利申请数量相当，并无明显差距。

从上面的分析可以看出，随着汽车智能化程度提升，通信相关“标准必要专利”早已是一个绕不开的问题。与近年来才推动智能化升级的车企相比，在通信领域耕耘多年的通信厂商早已地位稳固，大批专利掌握在诺基亚、夏普、高通等通信厂商手中，这令汽车企业颇为被动。车企不太可能绕开这些专利，而专利费的定价权往往掌握在通信厂商手中，车企往往处于劣势地位。诺基亚靠着数千项的无线通信专利，在汽车领域“闷声发大财”，该公司每年专利费的收入就高达 10 多亿美元。一般情况下，车企要求零部件供应商解决知识产

① 马天旗. 专利布局［M］. 北京：知识产权出版社，2016：149-171.

权问题，即专利许可对象是供应商，而不是最终产品——汽车。专利许可模式的差异引发一系列纠纷。戴姆勒认为诺基亚等厂商要价过高，并希望其将相关专利授权给汽车零部件供应商；诺基亚则认为其有权决定在供应链中的哪个环节发放专利许可证。为此，诺基亚、夏普分别起诉戴姆勒专利侵权，戴姆勒则投诉诺基亚涉嫌专利垄断。最终结果以戴姆勒败诉告终，双方于 2021 年底与专利技术许可平台 Avanci 达成专利许可协议。

从戴姆勒与诺基亚的诉讼案来看，即使是品牌影响力深远、财力雄厚的车企也不占优势。包括特斯拉、福特、本田和戴姆勒在内的多家汽车制造商以及英特尔、联发科等科技公司曾联合向美国联邦贸易委员会（FTC）上诉高通垄断，但最后也没了下文 。

对于专利费，很多时候通信厂商和车企之间并不能达成一致意见，一是因为费用问题，二是因为专利许可模式。此前，诺基亚与戴姆勒的官司就是典型的例子。高通、夏普、诺基亚及其他厂商联合成立了一个专利技术许可平台 Avanci，该平台向每辆车收取固定专利费，如 4G 标准许可的价格为每辆车 15 美元。这与汽车行业的传统运作方式相冲突。

虽然国内汽车厂商目前还没遇到此类问题，但也不能放松警惕，一旦专利“战火”袭来，极有可能陷入被动。对此，车企需要引起重视，提高对标准必要专利的认知，并对相应风险进行前瞻性评估，积极研究和应对。相关行业协会、政府部门等可为企业提供一些帮助，积极开展相关政策研究及反垄断工作，规范跨行业专利许可行为，防止专利许可的不合理高价收费与权利滥用。随着行业融合不断加深，车企与通信厂商需要加强沟通，尽量形成互惠的商业合作模式，从而在全球范围内更快地推动汽车智能化发展。

➲ 案例：华为 V.S. 康文森：标准必要专利许可费率的博弈

2019 年 9 月 16 日，江苏省南京市中级人民法院（以下简称南京中院）就合并审理的华为技术有限公司、华为终端有限公司、华为软件技术有限公司（以下统称华为公司）起诉康文森无线许可公司（以下简称康文森公司）确认不侵犯专利权及标准必要专利使用费纠纷三案作出一审判决，对华为公司与康文森公司所涉及的标准必要专利许可费率予以确认：单模 2G 或 3G 移动终端产品中，中国专利包即中国标准必要专利的许可费率为 0；单模 4G 移动终端产品中，中国专利包即中国标准必要专利的许可费率为 0.00225%；多模 2G/3G/4G 移动终端产品中，中国专利包即中国标准必要专利的许可费率为 0.0018%，并且华为公司仅需就一件专利技术方案的 4G 移动终端产品向被告康文森公司支付上述许可费率。

在该案审理中，双方争议的核心为许可费率。康文森公司主张采用相似许可比较法来计算标准必要专利的许可费率，比如对于无线通信终端产品，其主张的许可费率应当是：2G 手机为 0.032%，3G 多模手机为 0.181%，4G 多模手机为 0.13%。南京中院经审理，最终采用了自上而下计算 FRAND 许可费率法，确定标准必要专利的中国费率的计算公式为：单族专利的中国费率 = 标准在中国的行业累积费率 × 单族专利的贡献占比。南京中院对许可专利、许可产品、许可行为进行明确。首先，在许可专利上，南京中院确认康文森公司所有以及有权作出许可的、声称并实际满足 2G、3G、4G 标准或技术规范且为原告华为公司所实际实施的全部中国标准必要专利；其次，许可产品为华为公司的移动终端产品，即手机和有蜂窝通信功能的平板电脑；最后，许可行为包括制造、销售、许诺销售、进口许可产品，以及在许可产品上使用许可专利。

案例启示：可以看出，随着国际上对标准化的认可和重视，标准必要专利出现纠纷高发的现状。该案主要是围绕标准必要专利许可费展开的纠纷，在这个案件中，南京中院的判决紧紧抓住了标准必要专利问题的核心，就是既要“对创新提供适当的鼓励”，又要“避免专利劫持”。但是 FRAND 许可费率法具有一定的模糊性，并不太容易掌握和判断，在众多的司法案例中，对这一规则的适用也曾有过不同的诠释。这就需要标准制定组织在标准制定过程中肩负起更大的责任，在注重标准制定效率的同时也要兼顾到标准的执行效率，更好地平衡标准必要专利权人和标准使用者之间的利益。

五、如何通过许可转让使“钱景”更广阔

以前，大部分企业在一定程度上更多关注的是市场营销而不是知识产权，甚至于对知识产权的关注还比不上产品品质，知识产权可能更多意味着企业的自我防御和保护。而实际上，他们往往忽略了产品最为根本的核心竞争力就是独有的技术，而赋予这些技术财产权利的载体其实就是知识产权。从发展和效益的角度看，通过赚取产品的差价只不过是最基础的赚钱方法，而通过知识产权获得收益才是最稳定、最高效、最轻松、最大化的获益方式。这就是人们常讲的，二流的企业卖产品，一流的企业卖 IP。

（一）让专利许可为产品增值助力

专利作为企业最为重要的无形资产，能够给企业带来不可估量的效益，除去将专利落地实现产品运用转化外，通过专利许可获得许可费收入是专利价值实现的重要方式之一。专利权利人可以通过许可转让盘活现有专利，使专利自身也能具有价值，这样既能保障专利权在自己手中，又能通过让他人实施专利而获得收益。尤其是一些高价值专利，更是可以获得高额的许可实施费用。专利的许可价值源自其技术上的先进性和不可替代性，还可以通过专利许可的行为撬动行业上下游甚至是同行加入自己的阵营，扩大专利技术的“市场份额”。

像前面章节所讲的，专利许可也称专利实施许可，是指在专利有效期限内，专利拥有人或授权人允许他人在一定区域内、一定期限内以一定方式授权设计、创造、使用、销售专利发明的权利，并收取一定使用费的行为。专利许可不同于专利转让，其本质不会发生专利归属权的变化，在权利人不想一次性转让自己专利权的情况下，通过对他人的专利许可方式，向被许可人收取一定的授权实施费。例如，张某研发了一款口罩，申请并获得了专利授权，这款口罩很符合人们对抗病毒的要求，又具备透气性及时尚性需求。李某觉得此款口罩性能非常好，问张某能否将口罩的专利许可给他实施，也就是所谓的生产和销售。因而，张某把利用该专利技术生产和销售口罩的权利许可给李某的行为就是专利许可。

前面章节已经简要介绍了独占许可、排他许可、普通许可这几种常见的许

可类型，这是通常情况下按照实施权限和不同范围来划分的。此外，专利许可类型还有多种，如按照实施期限分为专利有效期和某一时间段许可；按照实施地区分为境内和特定地区许可；按照实施范围分为制造、使用、销售及全部许可等。

专利许可按照实施权限和不同范围来划分还有分许可和交叉许可。采用独占许可与排他许可方式时，专利权人都只能许可一个被许可人，但独占许可时其他任何人包括专利权人均不得在上述期限、区域范围内实施该专利技术。而采用排他许可时，许可人本人仍可以保留自行实施该专利技术的权利。通常情况下，若有大量市场主体需要该项专利技术，专利权人可以采取普通许可的方式获得收益，这样不仅被许可人可以为若干家同时被准许该专利技术，而且许可人本人仍保留该专利技术的权利，可自行实施。

分许可是在合同约定的期限和区域范围内，许可人准许被许可人实施专利技术的同时，也准许被许可人依照双方之间的协议，再许可第三人实施同一专利技术。其实际上就是普通许可分支出来的一种许可类型，分许可处于从属地位，被许可人与第三人之间的实施许可必须得到专利权人的同意。

交叉许可也称互惠许可、相互许可、互换许可，是在合同约定的期限和区域范围内，两个专利权人互相允许对方实施自己的专利技术，许可合同的每一方当事人均具有双重身份，既是许可人又是被许可人。这种许可一般是用专利技术价值相当于互惠交换的一种许可形式，通过相互性技术组合起来从而减少交易成本。

依照上述许可概念和实施权限范围，可以将独占许可、排他许可、普通许可、分许可、交叉许可的效力等级排序为：独占许可 > 排他许可 > 普通许可 = 分许可。交叉许可的法律效力视许可约定的排他与否而定，如果排他，则效力与排他许可相当，反之则与普通许可相当。

在实际市场经济条件下，许可人更多希望大量市场主体需要实施该专利，专利技术被潜在的被许可人挖掘，通过广泛召集同盟的被许可人加入，达到被许可技术在同类技术市场上的竞争优势，进而期待可获得的综合许可收益更大。而采用独占许可和排他许可的专利权人往往没有大规模化实施专利技术的能力或条件，被许可人可能更希望直接获得竞争优势，并创造更多的价值，但与此同时，被许可人需要支付更高的许可费用。

此外，在制定专利许可策略时需要注意：

第一，在制定许可合同时，应当明确许可类型，如独占许可、排他许可、普通许可、分许可等；被许可人的区域或领域的使用限制及扩展能力范围；许可是否可转让给新的所有者；授予子许可的能力；对许可技术进行修改和对其进行二次开发的权属的约定；许可权利的持续时间等。

第二，专利许可策略应当合法合规。不能搭售被许可人实施专利不必需的设备、原材料等，或者限制被许可人的一些商业和市场行为。

第三，应避免不按许可合同约定进行收费或者其他歧视性差别收费等许可滥用行为。

第四，如果专利权人致力于长期的专利许可业务，就需要制订一个合理的专利许可费定价方案，尤其是应当根据被许可人的实际生产和营收情况，而不应一概而论。

2021 年，新修订的《专利法》施行，引入了专利开放许可制度，并明确规定“开放许可实施期间，对专利权人缴纳专利年费相应给予减免”。专利开放许可是专利权人自愿向国家知识产权局以书面形式提出开放许可声明，并明确许可使用费，在国家知识产权局予以公告之后，在专利开放许可期限内，任何人都可以按照该专利的开放许可条件实施专利技术。开放许可制度有助于促进专利的实施和运用，提高专利运用效率，推动价值实现，加快形成强大的专利运营市场。2022 年针对专利开放许可的调查显示，48.3% 的专利权人知晓开放许可制度，约有 49.6% 的专利权人愿意采用开放许可方式，其中高校专利权人的这一比例达到九成，可以看出专利开放许可促进专利转移转化的制度作用正逐步显现。

由此得知，在专利有效期内，专利权人可以灵活地授权不同的对象进行专利的普通许可、独占许可、交叉许可等方式。通过专利许可，一方面许可人可以收回研发的投入并收取较高价格的许可费用，使专利产生最大的市场价值；另一方面通过许可实施可以让科学技术成果得以推广应用，尤其是通过得到一些比较前沿的专利技术许可，可以对突破核心“卡脖子”技术瓶颈发挥关键作用，从而促进国家的技术创新，提高国家的科技竞争力。

（二）从被告侵权到合作共赢的专利许可之路

随着中国经济的发展，中国企业正面临世界性的竞争，知识产权的优劣已经成为衡量企业参与国际竞争能力高低的重要指标。在企业的竞争战略中，利用知识产权进行的专利大战往往可以达到白热化的程度，在业界掀起巨大风浪。究竟是被动和解还是走主动合作之路，就让我们从几个通信领域巨头的分分合合说起。

➲ 案例 1：华为 V.S. 三星——不打不成交，干戈化玉帛

自 2011 年以来，华为与三星就专利侵权问题发生了多起冲突，双方也进行了多次谈判，但一直都没有实质性的进展。其实，经过了这些年的积累和储备，两家公司技术和专利各有优劣，在竞争中各有胜负。

直到 2019 年 5 月 14 日，经广东省高级人民法院诉讼调解，华为和三星在专利技术许可谈判中取得重大进展，两家公司在涉及标准必要专利的侵权纠纷系列案中达成全球和解，就全球范围内的标准必要专利交叉许可问题达成框架性的《专利许可协议》。至此，两家公司的专利诉讼大战终于落下帷幕。

从这场大战的过程和结局，我们可以得到如下启示。

第一，专利诉讼源于技术保护需要。专利诉讼的启动或专利争议的进展，乃至企业对自己专利策略的经营，本质上根植于企业对技术发展路线的评估和预测。在由技术贸易带来的技术竞争日趋国际化的前提下，各国相关专利制度也随着这一趋势而不断趋同。在此制度环境下，实际上对于技术型企业提出了较高的技术管理和保护要求，需要有国际化的技术敏感和制度视野。一方面他们确实通过诉讼，在利益分配上获得了平衡；另一方面诉讼双方借此共同博人眼球，不论输赢，都可以提高各自品牌的国际影响力。

第二，谈判的筹码取决于专利实力的竞争。国家知识产权局公布的许可备案登记信息显示，2015 年华为向苹果许可专利 769 件，苹果向华为许可专利 98 件。这意味着华为已经开始向苹果收取专利许可费用。从这些数据来看，

连苹果都免不了要与华为合作共赢，在一定程度上华为在一些方面的专利储备早已超越了三星。当然，谁的专利多、专利强，并不能表明谁就是胜诉方。从这个案例来看，其实华为与三星各有优势，华为数量占优而三星专利群更胜。华为的设备在市场上的占有量大过三星，其技术的先进主要集中在服务器与交换机上，而三星则是主要做终端产品的。华为则在近年来也开始重视终端产品，两家企业在市场上有所交叉。其实专利争议仅仅是表象，其中蕴含的深层次的技术竞争、坚实的技术储备和优秀的制度认知与运用能力，才是企业不断突破瓶颈、进入更高层次的最大助力。最终要签订附加补偿条件的交叉许可，这种补偿条件往往取决于谁在专利质量和数量上更有优势，以及双方终端设备出货数量差异的大小。

第三，在专利的竞争中可以采用多种策略。企业之间的专利诉讼在竞争激烈的巨头之间，再平常不过。不能通过一个案件就判断谁是侵权者，要通过一系列案件来看。当下，在同一领域，都是你中有我，我中有你，谁也不能做到绝对不侵权。比如苹果和三星，都曾与高通、摩托罗拉等有过专利诉讼。专利诉讼仅仅是技术竞争与竞赛中的策略或手段之一，专利侵权诉讼、无效诉讼、被诉方利用自己的优势专利进行反诉以及一边诉讼一边进行许可谈判等多种手段综合运用且缠讼多年乃是常态，往往由诉讼转向了谈判。商业活动都是理性的，企业之间的诉讼只要核心诉求得到满足，一般都不会排斥和解。鉴于双方的专利储备和创新实力，在竞争对手双方达成和解之后，双方通过谈判签订专利交叉许可协议后，合法使用对方开发的技术和知识产权。从一定角度来说，相互尊重各自的研发和知识产权成果，停止在未获得许可情况下的专利侵权行为，以积极合作的态度一起共同推动产业进步才是正道，有时候和解也意味着共赢。

➲ 案例 2：百度握手海尔——在合作中共赢

同很多竞争白热化、刀兵相见的企业不同，百度和海尔一开始就找准各自优势，发挥技术和知识产权的融合互补、取长补短，造就了利用知识产权将各自的价值最大化，实现商业成功的典范，成为业内的佳话。

2021年8月，百度发布了智能电视、智能词典笔等一系列产品，被业界认为是百度将人工智能技术应用于物联网领域的又一系列成果。事实上，百度在物联网领域的探索早已开始。随着人工智能技术的成熟和规模化落地，企业在人工智能领域的专利布局也在不断加速。百度在人工智能领域的国内专利申请量已超过1万件，并且在专利质量方面取得了令人瞩目的成果，成为人工智能领域获得中国专利奖最多的公司，其中1件人工智能专利获得中国专利金奖，4件语音、机器翻译、无人车、知识图谱相关专利获得中国专利银奖。

在加强人工智能专利布局、全面提升专利质量的同时，如何将其应用于更多领域，成为百度探索的方向。为了将人工智能技术更好地应用于物联网领域，百度还非常注重与其他企业的合作。2015年，百度联合海尔等20余家单位共同成立智能语音知识产权产业联盟，在联盟中进行专利运营，以实现专利价值最大化。

企业间合作助力了人工智能技术快速发展，为实现人工智能落地智慧家庭，百度又开始与海尔谋求进一步合作。百度与海尔先是达成专利合作初步框架，并签署保密协议。随后，双方结合各自业务需求和合作技术领域，开始专利许可谈判。通过委托独立第三方知识产权评估机构对双方的专利包进行评估，确认专利的权属状态、有效性和专利价值。结合评估意见，双方确定了专利许可内容、许可期限等。2019年6月24日，百度与海尔签署知识产权合作协议，基于各自优势，双方在人工智能和物联网领域开展专利合作。这样的专利合作，推动了人工智能、物联网领域专利的转化运用，有效地将先进的人工智能专利技术应用于家电产品中，为用户带来更好的体验。

从百度与海尔的专利联姻可以得到以下启示：一是双方形成了优势互补的跨界协同创新合作，实现了共赢。百度在人工智能领域技术优势明显，专利储备雄厚；海尔在物联网领域的技术创新能力和专利实力在业界也具有一定优势，双方通过签署专利交叉许可协议可以实现优势互补。二是双方达成合作后，双方都获得所需的专利，推动人工智能在物联网领域尤其是智能家居方面的落地应用，避免了重复研发，提升了研发效率。此外，专利交叉许可使专利得到更大范围的应用，进而发挥更大的价值，有利于进一步促进人工智能专利运营模式的转变，从单打独斗走向合作共赢，从自我保护走向开放合作。三是紧紧抓住合作成功的关键：“专利质量”“开放创新”和“合作共赢”。其中专利质量是专利运营的基础。百度重视专利质量，其人工智能专利质量做到了国内领先，重点细分领域高质量专利占比最高。知识产权出版社有限责任公司2019年发布的《中国人工智能专利价值及竞争力报告》显示，百度在人工智能领域实现了3项第一：创新主体实力排名第一，专利授权量排名第一，发明人技术实力排名第一。在注重专利积累、保护创新成果的同时，正是因为企业不断提升专利质量，才得到了合作伙伴的认可。

案例3：小天鹅——从侵权的被告变成主动合作的朋友

一起发生在2017年，小天鹅从被指专利侵权到实现专利交叉许可的案例，可谓从针锋相对到成为合作双赢的朋友的一段佳话。

第一阶段，结合实际调整策略。2017年7月，小天鹅收到了某同行公司的律师函，认为小天鹅某产品侵犯其多件发明专利权，并要求支付巨额专利许可费。小天鹅对此事十分重视，立即组织人员进行复查确认。经确认，被指侵权专利在小天鹅相关产品研发过程中已经被检索到并进行了稳定性分析及规避设计。小天鹅一方面召集专家针对被诉的产品再次进行针对性的分析判断；另一方面对对方相关专利的稳定性再次进行评估，为后续法律程序做积极准备。同时，小天鹅将分析结果发送给对方，并多次进行友好商谈，希望能进行和解，但仍未获得预期效果。此后，双方针对侵权可能性以及专利稳定性展开充分讨论，但双方各执己见，谈判未取得实质性进展。会后，小天鹅针对对方相关技术的整个专利包进行分析。经确认，小天鹅虽可以以不侵权和对方专利稳定性弱为由拒绝给付许可费用，但对方相关技术的确存在可取之处，如获得整个技术的许可，将有利于提高小天鹅产品的竞争力。因此，小天鹅调整策略为：以较低价格获得整个技术的专利许可。

第二阶段，积极谈判达成合作。2018年8月，小天鹅在与对方沟通中介绍了小天鹅的概况、优势技术等内容。对方对小天鹅的某一产品产生浓厚兴趣，也表示希望能够获得小天鹅关于该产品专利的许可。小天鹅决定通过专利交叉许可方式，将该产品相关专利许可给对方。然而，对方虽大幅下调了自身所拥有技术的专利许可费，但数额仍远高于小天鹅的预期，双方互不让步，谈判一度陷入僵局。与此同时，小天鹅针对对方专利的无效检索也不断深入。2019年，小天鹅知识产权中心经过再次全面检索及分析，获得更为关键的无效证据，并将该证据发送至对方，随后，谈判局势发生扭转。双方就检索获得的关键无效证据进行充分展示，对无效理由提出充分论证，同时针对专利交叉许可事宜进行了沟通确认。之后，对方同意再次大幅降低许可费用至小天鹅预期范围内，并开放超过300件相关技术专利。

回顾此次纠纷，小天鹅从第一次无效证据检索到第四次无效证据检索，对内组织专项小组进行检索，对外组织专家团队进行证据收集，并组织对证据进行多次解读分析。经过策略上的多次调整以及自我目标的多次坚持，最终促成这一纠纷的顺利解决。这个案例是基于专利纠纷的专利交叉许可，双方势均力敌，互有竞争，在技术实力、专利组合或市场能力等方面互有优势。小天鹅的目标是寻求一种互利共赢的平衡，而要达成许可目标，需要把握三个谈判要素：企业商业竞争需求、谈判筹码以及形成合理的许可协议。

企业间的交叉许可往往会对整体行业、产业或市场造成影响，专利交叉许可需要从上下游产业链的角度等多方面进行考量。对于专利储备相对强势的一方，更看重未来的许可获益；而相对弱势一方需要关注潜在的风险，通过专利交叉许可，保障自主经营。通过专利交叉许可，可以达成竞争与合作的战略关系，对商业利益进行分配与交换，避免专利侵权诉讼风险，有效降低专利交易成本，体现了专利组合价值优化，通过合作共赢提高市场或产业领域的竞争力。企业在自身优势技术方面要积极进行专利布局，以备后续可能的交叉许可之用。在谈判中，应集专利、研发、法务、财务之所长，综合评估，深入分析，通力合作，最终形成双方共赢的局面。

从上面的几个案例我们看到，面对专利诉讼，采取不同的应对策略，会得到不一样的结果，有时候需要针锋相对地硬碰硬，有时候则需要求同存异以柔克刚。要针对不同的竞争对手制定不同的知识产权战略，采取相应的应对策略，真正做到知己知彼才能有的放矢。然而，终究打铁还需自身硬，只有有了自己独特的过硬技术实力和能经得住考验的稳定的专利权，才可能有谈判和合作的筹码，而这一切的基础都是要有良好的知识产权保护环境和公平合理的知识产权规则制度作为保障的。

（三）激发创造专利价值亿元“神话”

获得了专利之后，除了用于企业竞争进攻或者防御的“武器”之外，如何才能激发出专利更大的价值呢？创新主体制定专利战略的最终目的是占领市场，把技术优势、专利优势转化为市场优势、经济优势。企业、高校、研究机构等一般会通过采用转让、许可和作价投资等方式，向其他企业或组织转移科技成果。这也是科技成果转化的常见交易方式，这三种方式适用于不同的交易主体。我们在前面章节讲了转让就是将专利所有权完全转移到另外一个主体，转让方以获得转让费为收益，将专利所有权的相关权益完全让渡给另外一方。实施许可是将专利权的实施权拆分出来，以收取许可费为对价，按照独占许可、排他许可、普通许可的方式允许被许可方实施专利。作价投资则是将专利置换为目标公司的股权，通过享受股东权利而实现专利权的相关经济利益。[①]

1. 专利的一次性转让

对于已经获得授权、成交合同金额不大的专利，很多创新主体选择采取一次性所有权交易的方式，在双方知情同意的基础上，受让方一次性付款，专利权方则根据合同规定，配合将专利的所有权人变更为对方公司，实现一次性收益。这种方式比较简单，涉及流程和步骤少，以合同为基础，取决于交易双方对专利价值评估和谈判的结果，但由于对未来技术的走向预判不能够完全准确，往往在最初谈判的时候价格优势就不能体现出来，因为是一次性变更转移，后续双方基于该技术的研发合作也就几乎没有了。

2. 通过许可方式获取高额回报

北京金伟晖工程技术有限公司（以下简称金伟晖）是一个仅有 100 多人的

---

① 马碧玉. 论专利权交易——兼谈高等院校、科研机构科技成果转化方式的选择［J］. 电子知识产权，2016（8）：7-16.

企业，在短短 9 年的时间里，创造了总资产从 50 万元增长到近 8 亿元的依靠专利发展的“神话”，成为通过不断的专利许可，将专利价值发挥到极致的典型案例。不同于一般企业自己实现专利产业化的发展模式，金伟晖到北京市知识产权局登记备案专利许可，然后把专利许可给其他企业。该公司凭借自主知识产权和运用知识产权战略，9 年间总资产增长了近 1600 倍，年均增长率高达 109.13%。刚成立的金伟晖就独辟蹊径，变常规技术所采用的加法为减法，成功研发出“烃重组技术”，使国产石油炼化技术跨入世界先进水平。2004 年 5 月，该技术就在中石油乌石化分公司首次应用，签订了 40 万吨 / 年的普通专利许可合同，成交额 1100 万元，为公司掘得了“第一桶金”。随后公司逐渐尝到了甜头，选择了以高投入进行技术研发的发展路线，将专利技术作为企业核心竞争力，不断占领技术和行业制高点。为保持核心竞争力，金伟晖在注重技术研发的同时，也同样重视技术的专利化，采用主动进攻型的专利战略，在核心专利上跑马圈地，通过专利对技术成果进行了实时保护，并不断地对核心技术进行改进，延长它的寿命，同时进行外围专利申请，形成保护圈，专利含金量不断提高。经过探索，金伟晖逐步形成了以普通专利许可方式转让专利技术使用权，并提供与其配套的专利设备的经营模式。公司的核心技术“烃重组技术”，单项技术转让金额均在 1000 万元以上，加上专利设备、专利仪表和“三剂”等配套产品的销售，总销售额近 3000 万元。通过专利许可，公司的研发能力迅速转化为盈利能力，专利技术成果转化率达到 80%，创造了主动专利许可盈利的新模式。①

随着专利运用意识和水平的不断提高，近几年专利的许可价格也是水涨船高，涌现了很多的专利许可“神话”。2017 年 9 月，中南大学正式以独占许可方式将“电化学脱嵌法从盐湖卤水提锂”技术转让给上海一家企业，此次转让涉及专利许可实施使用费共计 1.048 亿元。2018 年 1 月，江苏恒瑞医药股份有限公司将自主研发并拥有自主知识产权的用于治疗免疫系统疾病的

① https://epaper.gmw.cn/gmrb/html/2011-05/06/nw.D110000gmrb_20110506_1-06.htm?div=-1《光明日报》(2011 年 5 月 6 日第 6 版).

JAK1 抑制剂项目许可给美国 Arcutis 公司，获得首付款和里程碑款共计 2.23 亿美元。2020 年，四川大学华西医院与国内最大的麻醉药品定点研发生产企业宜昌人福药业签署了“超长效局麻药”专利许可及项目合作开发合同，总额高达 2.5 亿元。项目成果转化后，医院会将专利许可费的 80% 奖励给一线科研团队，总计 4000 万元，另外一笔 2 亿元研发经费，除医院提取 10% 管理费和资源占用费外，90% 的研发经费将由科研团队在研发该项目时自主支配，直接扩大了研发人员的经费使用自主权，激发了创新活力。这种成果转化方式在实现研究机构和企业双赢的同时，也将加快推进成果转化步伐，更高效地满足临床需求。在成果转化的直接刺激下，四川大学华西医院已授权的麻醉化合物发明专利占到全国专利总数的 57%，科技成果转化合同金额超过了 3 亿元。

此外，还有把一件专利拆分，许可给两家企业的案例。上海交通大学医学院申请的中国专利“增强激动型抗体活性的抗体重链恒定区序列”成为“平台型专利”，其权利要求覆盖多种肿瘤和多个药物靶点。此后，这件专利又利用 PCT 国际专利申请体系，申请了美国、欧盟、日本专利。上海交通大学于 2019 年先是将中国发明专利及其国际同族专利一个靶点的专利权以独占许可方式，授权上海一家生物技术公司实施，合同总金额约 3 亿元，外加销售额提成。之后，这件中国专利的其他靶点又以 8.28 亿元合同总金额加销售额提成，独占许可给了苏州一家生物医药企业，创造了业界奇迹。

据有关数据统计，“十三五”期间，我国专利许可平均备案合同金额超 200 万元，2020 年平均单份合同金额增至 331.2 万元。发明专利是专利许可备案合同所涉及专利的最主要专利类型，占比高达 52.6%。制造业的专利许可合同备案量、许可专利件次、专利许可备案合同金额三项指标均为第一，占比远超其他行业。

从这几个案例看出，专利实施许可合同所反映的专利价值主要受到许可人、被许可人对专利技术预期经济寿命、专利产品在预期经济寿命中的收益以及该收益的风险性等因素直接影响。创新主体要让其拥有的专利具有高价值，就需要立足市场布局专利，从研发立项到专利申请，时刻紧盯市场需求趋势，以高质量创新作为基础，以专利保护作为核心手段，以专利转化作为最终目的。要想取得高价值的专利应用，一是要全流程设计科技成果转化。要从发明评估、专利价值培育、专利质量管理，到全球范围寻找转移对象，再到交易估值定价，与多家企业谈判，做到科技成果转化专业化管理。二是要全程绑定合作的专利研发，将专利输出变成研发合作的定制性产品，有规划地寻找研发方向并有针对性地设计专利产品，将转化提前布局作用于专利研发之前。这种推进式的专利转化，可以对每一个专利的申请时间、转化时间把握更加精准，对每个时间阶段的交易价格也能更准确评估，双方的权利义务的边界也能界定得更清晰。三是要注重发挥市场的导向作用。无论是专利权的转让、实施许可或者是作价入股都是创新资源在市场中进行资源配置的具体表现，因此要鼓励市场在资源配置中发挥积极作用。虽然从传统意义上认为作价入股是利益最大化的方式，但针对不同的创新主体面临不同的战略选择和政策背景，可以采取不同的专利价值实现方式以获取最大的效益。也有高校、医院、科研院所不断探索科技成果作价投资入股的新方式，进行合作开发及成果转化，相当于通过企业出钱投资，专业的研究机构负责研发，实现了双方利益共享，风险共担。

第六章

如何用好和管好“金果子”

随着我国知识产权战略的实施和不断深化推进，知识产权管理工作的重要性逐渐得到越来越广泛的认可。但从我国知识产权的运用和管理的实践看，能力水平与发达国家相比，还存在一定的差距。本章围绕知识产权运用类型、技术转移过程中的知识产权风险防范、专利稳定性评价、知识产权价值评估等知识产权运用的关键问题，以及规范知识产权的权属管理、知识产权的风险管理、企业采购过程的知识产权管理等重点环节，阐述了知识产权运用和管理中的典型风险和常见问题。

2021 年，我国主要产业聚集区均实现单位 GDP 技术合同成交额正增长，在知识产权运用效能方面的发展成效明显。其中，京津冀区域较上年参考值大幅增长，也进一步体现出技术创新、知识产权运用在区域创新驱动发展中的作用正在日益凸显。

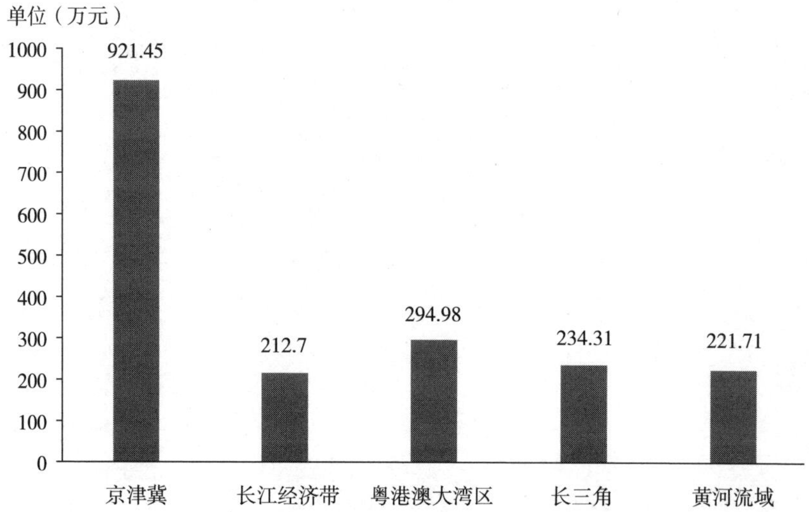

图 12　2021 年重大战略区域亿元 GDP 技术合同成交额

一、用好知识产权的“金果子”

（一）知识产权“金果子”的用法

根据交易方式的不同，知识产权运用大体可以分为六个类别：许可、转让、质押、作价入股、证券化和专利信托。

专利权人可以与他人签订实施许可合同，许可他人依合同约定来制造、使用、许诺销售、销售、进口其产品，依合同约定使用其方法以及使用、许诺销售、销售、进口依照该方法直接获得的产品。

许可最显著的特征在于所有权不转移，仅仅是使用权的让渡。如果得到了权利人的授权，被许可人还能够继续进行许可。许可可以分为独占实施许可、排他实施许可、普通实施许可、交叉实施许可等形式。独占实施许可排除了权利人自身的实施权，排他实施许可允许权利人和被许可人共同行使权利，普通实施许可则不禁止权利人再向他人许可，交叉实施许可的内涵在于交易双方互相允许对方实施其权利。

转让是指直接发生所有权的转移的法律行为。转让是权利人行使所有权的一种重要方式。权利转让之后，转让人丧失该权利，受让人取得相应的权利。“知识产权转让对知识产权人和受让人而言均具有独特的价值：转让人可以从转让行为中一次性收回知识产权开发的投资并取得预期的利润，受让人则能够在不必承担知识产权的投资和开发风险的情况下直接获得他人的知识产权并利用其占领市场。”如果出售的价值越高，那么转让所获得的对价资金也越高，因此转让也成了拥有自主知识产权的个人或者企业进行知识产权融资的重要方式。

质押是指督促债务人履行债务，保证债权人实现权利的行为，其本质是一种担保行为。质押并不变更权利主体，虽然质押会对出质的权利人造成一定的权利限制，但是质权人在出质期间也不能够行使被质押的权利。只有在权利人到期不能偿还债务时，质权人才有权将出质的权利进行处理。随着质押融资业务在中国的兴起，质押也成了企业进行知识产权融资的方式。

知识产权作价入股指知识产权所有人将依法能够转让的知识产权专有权或

者使用权作价，投入标的公司以获得股东资格的一种出资方式。我国《公司法》明确规定能够用货币估价并且转让的知识产权可以入股，因此入股也是技术交易的一种重要方式。权利人可以以其所有权或者使用权出资，但是应当根据无形产权的出资程序履行相应的手续。

证券化是将所有权及其使用权作价评估后转移给特定机构，并由该特定机构向资本市场发行证券以获得融资的一种技术交易模式。知识产权资产证券化是金融资本与知识资本的有效结合，是一种以金融技术为基础、以知识产权的信用为担保、以证券化为载体的融资方式。证券化能够在不丧失所有权的情况下加快实现权的价值，能够有效分散研发与投资的风险，成为企业进行知识产权融资的又一重要手段。

信托是权利人以信托的方式，将权利委托给受托人，使受托人以自己的名义进行信托财产管理或处分的行为。信托的受托人以受托财产增值为目标，通过对财产的许可、入股、投资等方式获得收益，并将该收益转移给权利人。信托能够有效促进成果的市场化，加快技术的运用步伐，提升技术的经济转化效率，更好地发挥技术的社会功能。信托在市场竞争环境下越来越普遍，成了技术交易的重要形式。

（二）使用“金果子”时可能面临的知识产权风险

1. 技术交易过程中风险发生的原因

技术交易的最显著特征在于转让方与受让方所知晓和拥有的信息严重不对称。对于交易双方而言，转让方对于交易标的的权属、权利范围、权利状态、市场价值等方面的信息掌握明显优于受让方，处于信息劣势的受让方将被迫承受交易风险。

除此之外，专利技术交易中侵权风险发生的另一个重要原因在于交易合同内容的不规范。市场环境中的绝大部分专利技术交易都是通过合同的方式完成，对于专利受让方而言，除却实现进行专利信息调查外，审查合同内容也同等重要。合同内容最终确定双方当事人的权利义务，由于受让方本身承担的信息风险比转让方大，因此受让方对于合同内容要更加注重履行审慎审查的义务。现实情况是，专利技术交易合同的专业性和法律要求高，但我国专利技术交易合同普遍存在合同条款不完备、合同约定不明确或者重复授权、合同用语不规范等问题，导致受让方行使合同权利时受到侵权诉讼的困扰，损害了自身的合法权益。譬如交易双方约定的专利权属不明确、权利范围不明确、权利行使的时空内容不明确、专利重复授权、专利权限制不明确、责任条款不明确或者缺失等，使受让方的专利侵权风险因此显著增加。

2. 如何防范技术交易中的知识产权风险

（1）针对专利技术转让方

①做好专利侵权防范工作，积极进行专利自查。首先在专利申请阶段，专利申请人就应当做好侵权防范研究，以免申请的专利落入他人的专利权范围，从源头开始降低专利侵权的风险。其次要积极进行专利自查，明确自身专利的权利归属、权利范围、权利的有效期、权利转让情况以及侵权和违约诉讼情况，审查专利的权利状态，以避免出现专利无权授权、重复授权等情况，降低自身侵权和违约风险发生的概率，也尽可能避免在后续专利技术转移时受让方侵权行为的发生。

②积极履行专利信息登记义务。我国在专利申请、专利所有权转移等领域都建立了专利信息登记和公示制度，但专利登记和公示制度的适用范围并没有延及专利技术交易的所有领域。目前我国还存在着专利登记制度空白的现象，有些专利技术交易并没有实施强制登记制度，专利技术许可不必强制登记就是典型代表。基于交易安全的考量，专利转让方应当积极履行专利信息的登记义务，为促进专利技术交易过程的透明化作出贡献。

③积极承担必要专利信息的披露责任。作为技术交易的源头，对其拥有的专利权利状态了解最全面。减少专利技术交易过程中双方的信息不对称，还要求转让方积极承担必要专利信息的披露责任，在技术交易磋商阶段就将会影响受让方决策的信息告知受让方，包括目标的权利状态、权利转让情况、已知的侵权和违约情况等必要的专利信息。

（2）针对专利技术受让方

①加强专利风险事先调查，建立专利信息数据库。专利风险事先调查指在进行专利技术交易之前，受让方对目标专利以及转让方的相关信息进行收集并

分析，预测目标专利受让的风险及收益，并以此作为专利交易决策的依据。专利交易的风险调查有助于预防侵权争议，控制合同风险，防止专利欺诈，避免投资浪费，降低交易费用，提高交易质量。专利风险事先调查能够最大限度地帮助企业了解目标专利的权利信息，缩小企业与专利权人之间的信息差距，为企业进行侵权风险防范提供基础。充分进行事先专利风险调查，是降低企业技术交易侵权风险的关键。

②明确双方权利义务，规范专利交易合同内容。受让方的专利侵权风险始于专利技术合同的成立，在完成充分的专利风险事先调查的前提下，规范合同内容能够帮助企业减少侵权可能性。专利技术交易合同的核心在于明确交易双方的权利义务。

③实施企业侵权预警机制，加强专利风险自查。处于授权状态的目标专利于专利申请、公告或者无效等状态而言具有稳定性，但这种稳定仍然是一种相对稳定的状态，在受让方行使专利权的过程中都会受到专利侵权、专利被宣告无效等风险的威胁，因此建立企业侵权预警机制十分必要。企业侵权预警机制的目标在于防范技术交易后潜在风险的出现，降低企业因为侵权风险出现而遭受的利益损失。在取得目标专利权后，受让方必须加强专利运用过程中的风险自查，警惕专利运用中超越专利权或者专利被宣告无效等情形的出现，以最大限度地防范潜在侵权风险的出现。

④运用专利诉讼战略，积极应对专利侵权诉讼。由于侵权风险发生的可能性并不能够完全消除，受让方只能努力避免自身陷入专利侵权诉讼纠纷。当然，陷入专利诉讼纠纷并不意味着其最终将承担侵权责任。倘若受让方不得不面对专利诉讼时，也应当积极应战，运用专利诉讼策略，积极进行专利侵权抗辩，以降低甚至免除自己的侵权责任。作为专利侵权诉讼的被告，受让方可以采取的专利侵权抗辩理由有合法授权、现有技术、非等同专利、非实质替代、非侵权专利权利范围、专利无效、专利已过保护期等。

（三）使用“金果子”的注意事项

1. 评价专利权稳定性

一般来说，专利权稳定性就是指专利权授权后对抗无效请求的能力。

《专利法》第四十五条规定：“自国务院专利行政部门公告授予专利权之日起，任何单位或者个人认为该专利权的授予不符合本法有关规定的，可以请求国务院专利行政部门宣告该专利权无效。”

在我国，任何专利都是经政府审查后授权的，但是审查的力度和条件有限，有可能使一些实际上不符合专利要求的申请得到授权，这样的专利很容易被人无效掉，因此稳定性就差。稳定性强的专利必然是可以很好地对抗他人的无效请求的。

（1）影响专利权稳定性的因素有哪些

一般而言，专利文件是由说明摘要、说明附图、权利要求数、说明书、附图这几个元素构成的。其中权利要求数就是专利权保护的范围。

权利要求数在一定程度上反映专利权保护范围的特点。国内专利权人的权利要求数一般都是10条以内，被维持有效比重比较多的权利要求数也是在1~10条。在我国专利收费标准中，自权利要求从第11项开始每一项增收150元。申请费用的增加，是影响国内专利权人的专利要求数的因素之一。对于国外专利权人在中国申请，其权利要求数超过10条的比重较大。利用从属权利要求其中增加附加技术特征，采用层次递进的保护方式，更有助于维持专利权的稳定性。权利要求数越多，说明受保护的技术方案的层次就越丰富，权利要求所包含的技术方案的数据就越多。这样即使在遇到竞争对手的专利无效挑战时，也可以有较大的修改调整空间，以确保专利不会被全部无效。

技术宽度也在一定程度上影响专利的稳定性。专利的技术宽度可以从IPC分类数来体现。一项专利分配的IPC分类号的数量，反映了一项专利申请技术方案的技术宽度。一项发明创造所涉及的技术宽度越宽，其专利文件中相应的IPC数就会越多。例如，一项发明创造涉及了化学领域、物理领域和机械领域，那么其技术宽度就会涉及化学领域、物理领域和机械领域的类别。复杂的技术领域包含更多的技术特征，为了对技术方案进行全面的保护，专利权人常会增加权利要求数。

总的说来，权利要求的撰写越清晰，权利要求书中每一项权利要求所界定的保护范围层次越合理，则专利权被维持有效的概率越高。

（2）专利稳定性该如何评估

那么，该如何评估专利的稳定性呢？答案就是专利权评价报告。

专利权评价报告是国家知识产权局根据专利权人或者利害关系人的请求，在实用新型或者外观设计被授予专利权后对相关实用新型或外观设计专利进行检索，并就该专利是否符合《专利法》及其实施细则规定的授权条件进行分析和评价，作出专利权评价报告，是官方出具的一种较权威的专利质量评价。

另外，由于发明专利申请在实质审查阶段就会进行检索，故发明专利不需要专利权评价报告。

（3）怎么提高专利稳定性

①检索专利：在申请专利之前要对该专利的相关信息进行检索，避免侵权。

②认真应对无效请求：专利权人应该认真阅读和了解相关技术，了解无效的原因，提出反驳意见，准备好答疑陈述书，请求专利局驳回无效请求。

③委托代理机构：一些企业和高校会将专利委托给专业知识产权代理机构进行维护，保证专利的有效和解决纠纷。

④核心技术的掌握：掌握了核心技术是企业的基础，所以重视专利的研发，提高专利质量才是真正能避免专利失效和纠纷的重心。

2. 评估知识产权的价值

（1）知识产权资产有什么评估方法

资产才有价值，因此首先要明确什么是知识产权资产。知识产权资产是指权利人所拥有或者控制的，能够持续发挥作用并且带来经济利益的知识产权权益。

作为资产评估的基本方法，成本法、市场法和收益法同样适用于知识产权资产价值的评估。但基于知识产权资产的价值特征——成本与效用的非对应性和知识产权资产的难以复制性，以及知识产权资产的非实体性、共享性、价值形成的累积性、开发成本界定的复杂性等特点，收益法、成本法、市场法评估知识产权资产的适用程度依次降低。虽然在具备一定条件的情况下，可以采用成本法和市场法，但评估知识产权资产价值的首选办法应该是收益法。

（2）收益法评估知识产权资产的适用条件

知识产权资产评估收益法，是指通过估测被评估知识产权资产的未来预期收益，并以恰当的折现率将预期收益额折为现值，来估算被评估知识产权资产价值的办法。本办法适用的前提条件为：

①被评估的知识产权资产的未来预期收益必须是可以预测，并可用货币来衡量的。

②收益期内，知识产权资产拥有者获得未来预期收益所承担的风险可以预测，并可用货币来衡量。

③被评估知识产权资产的预期获利年限可以预测。

（3）市场法评估知识产权资产的适用条件

知识产权资产评估市场法，是指利用市场上同样或类似知识产权资产的交易资料和交易价格，通过对比、分析、调整等具体技术手段来估测被评估知识产权资产价值的办法。本方法适用的前提条件为：

①需要有一个充分发育、活跃的知识产权资产交易市场。

②公开市场上要有可比的知识产权资产交易案例，并且一般要求不少于三个。

③知识产权资产交易案例的财务资料充分、可取。

（4）成本法评估知识产权资产的适用条件

知识产权资产评估成本法，是指根据重建或重置的思路，利用重新取得全新知识产权资产的费用，扣除截止到评估基准日被评估知识产权资产发生的贬值因素而得到被评估知识产权资产价值的方法。本方法适用的前提条件为：

①被评估知识产权资产处于继续使用状态。

②应当具备可利用的历史成本资料。

③形成知识产权资产价值的耗费是必需的。

二、管好知识产权的“金果子”：规范知识产权的权属管理

1. 职务发明的专利权归谁所有

职务发明是指企业、事业单位、社会团体、国家机关等的工作人员执行本

单位的任务或者主要是利用本单位的物质条件所完成的职务发明创造。在《专利法》中，这种关系集中体现为职工完成的发明创造的权利归属问题，即职工完成的发明创造是职务发明还是非职务发明创造。原则上，这一问题的解决应当遵从“合同优于法律”的原则，即有关发明创造成果权利归属问题首先应当按照劳动合同中的约定来解决。

《专利法》第六条第一款中规定：“执行本单位的任务或者主要是利用本单位的物质技术条件所完成的发明创造为职务发明创造。”为进一步明确“职务发明”的具体情形，在《专利法实施细则》第十二条中也对其进行了内涵上的限定，并将其归纳为两种情形：一是，“执行本单位的任务所完成的职务发明创造”主要包括：（1）在本职工作中作出的发明创造；（2）履行本单位交付的本职工作之外的任务所作出的发明创造；（3）退休、调离原单位后或者劳动、人事关系终止后 1 年内作出的，与其在原单位承担的本职工作或者原单位分配的任务有关的发明创造。从而赋予了“职务发明”较为明确的内涵。二是，“利用本单位的物质条件完成的发明创造”，这里的物质条件主要指本单位的资金、设备、零部件、原材料或者不对外公开的技术资料等。为了解决现实生活中基于人才流动导致的职务发明的认定纠纷，《专利法实施细则》将临时工作单位也纳入了《专利法》第六条所称的“本单位”的概念内涵中。

职务发明创造分为两类：

（1）执行本单位的任务所完成的发明创造。包括下列三种情况：

①发明人在本职工作中完成的发明创造。根据劳动者与用人单位签订的劳动合同，用人单位负有向劳动者支付报酬的义务，而完成合同范围内的劳动任务则是劳动者的基本义务，因而此时劳动者所创造出的劳动成果应当归属于用人单位。

②履行本单位交付的与本职工作有关的任务时所完成的发明创造。在现实生活中，单位的职工不仅要承担属于其本职工作范围内的工作，也会接受单位交付的其本职工作之外的任务，因而对于法条中的“本单位任务”一词的理解也就出现了两种不同的情形。而履行本单位交付的本职工作以外的任务，通常是指单位短期或者临时下发的工作任务，如合作开发、组织攻关、接受研究委

托。而这些工作的完成与单位的宏观指导、具体方案的制订、责任的承担以及必要的物质条件都密切相关，所以应该属于职务发明创造。

③退职、退休或者调动工作后1年内作出的、与其在原单位承担的本职工作或者单位分配的任务有关的发明创造。

（2）主要利用本单位的物质条件（包括资金、设备、零部件、原材料或者不向外公开的技术资料等）完成的发明创造。但如果仅仅是少量利用了本单位的物质技术条件，且这种物质条件的利用对发明创造的完成无关紧要，则不能因此认定是职务发明创造。

职务发明与非职务发明

在《专利法》中仅规定了非职务专利的申请对待，但对于“非职务发明”并未作出明确的规定。从专利的产生过程来看，任何的发明创造都是由自然人完成的，因而作为这一无形财产的创造者，发明人理应对该财产享有完整的权利，即申请获得专利的权利与对其加以支配利用的权利。但在现实生活中，由于自然人个体占有的社会资源与智力资源的有限性，使得自然人个体必须在基于劳动合同关系的前提下借助单位的物质条件才能推进相应的研究进程，直到完成相应的发明创造。而非职务发明指的就是完全脱离与单位的劳动合同关系并依靠自己的物质技术条件作出的发明创造。

这两者的区别主要体现在发明创造的权利归属上，对于非职务发明，有且仅有发明创造的发明人或者设计人才能作为专利申请人，专利申请获批后专利权人即可对其发明创造享有占有、使用、收益、处分的独占权以及排除其他任何人，从而支配该专利的禁止权。但在职务发明创造中，虽然自然人是完成发明创造的主体，但是为发明创造申请成为专利的专利申请权却是归于单位的，而作为发明者的自然人对于完成的发明创造不享有支配权与排除他人使用的禁止权。《专利法》第十五条第一款规定：“被授予专利权的单位应当对职务发明创造的发明人或者设计人给予奖励；发明创造专利实施后，根据其推广应用的范围和取得的经济效益，对发明人或者设计人给予合理的报酬。”因而可以认为，职务发明中的发明人在专利申请权归于单位之后，便仅剩下获得单位奖励与报酬的可能性，但奖励的具体形式与报酬的合理程度在《专利法》中并没有作出明确的规定。

职务发明和合作与委托发明

《专利法》第八条中对于合作发明进行了定义，合作发明是指“两个以上单位或者个人合作完成的发明创造、一个单位或者个人接受其他单位或者个人委托所完成的发明创造”，从法律条文的规定中可以看出，合作发明是基于合作或者委托关系而产生的。

合作发明与职务发明存在一定的类似之处，即在合作发明的情形中，也有可能出现个人与单位相联系的情形。但不同于职务发明中劳动者与用人单位基于劳动合同关系而形成的不平等地位，在合作发明中，个人是基于委托合同关系从而与单位进行合作，作为诺成合同、双务合同，委托合同的双方无论是在法律关系中或是实际关系上都是处于平等地位的。而正是由于这种法律地位上的差别，合作发明中的发明人在发明创造完成后，除另有协议的，均享有专利申请权，并在申请获批后成为专利权人，从而享有对发明创造较为完整的权利内容。

2. 如何约定技术开发合同中的知识产权权属

（1）合作技术开发专利权归属是怎样规定的

①两个以上的人如果合作完成一个发明，专利权的归属由合作开发合同约定。合同有约定的按照其约定；合同没有约定的双方应当共同申请专利，获得的专利权以后属于合作人共有。合作人可以通过协商一致的方式来行使专利权。如果协商不能达成一致，任何一个专利权人都可以许可他人进行使用，当然这种许可只能是普通许可，不能是排他性许可或独占性许可，而许可以后获得的报酬应该在各专利权人之间合理分配。

除上述情形外，行使共有的专利申请权或者专利权应当取得全体共有人的同意。

②如果合作开发者中一人要申请专利权，另一个人坚决反对，这个时候不

能申请专利，只能采取对技术秘密的方式来进行保护。

③如果合作开发人中有一个主张申请专利，而另一个放弃专利申请权，此时主张申请专利的一方可以单独提出申请。主张申请专利的一方单独提出申请以后获得专利权的，另一方有权免费实施该项专利，而不构成侵权。

（2）专利权可以行使的权利

①实施许可权

专利权人可以许可他人实施其专利技术并收取专利使用费。许可他人实施专利的，当事人应当订立书面合同。

②转让权

专利权可以转让。转让专利权的当事人应当订立书面合同，并向国家知识产权局登记，由国家知识产权局予以公告，专利权的转让自登记之日起生效。中国单位或者个人向外国人转让专利权的，必须经国务院有关主管部门批准。

③标示权

专利权人享有在其专利产品或者该产品的包装上标明专利标记和专利号的权利。

这类专利一旦申请成功，应积极地对自身的合法权益进行保护。任何单位、个人对这类专利进行侵权的，相关的当事人可以要求相关的赔偿，保护自身的合法权益。

三、“防虫防害”：规范知识产权的风险管理

（一）专利技术与专利侵权

1. 专利技术

专利技术是指经过国家知识产权局审批授权并处于有效期内的专利所保护的技术。根据我国《专利法》中规定的专利分类，专利主要包括发明专利和实用新型专利。外观设计专利保护的是新设计而非技术，所以，严格意义上说专利技术包括发明专利技术和实用新型专利技术，而外观专利应称为专利设计，而不是专利技术。大家通常所说的专利技术，一般是把具有更宽泛外延的发明专利、实用新型专利和外观设计专利都包括在内。

专利技术仅仅是指被授权专利所保护的技术，也就是仅仅指被专利的权利要求所保护的技术，而不能认为专利说明书中所记载的技术都是专利技术，更不能把未被授权的专利申请文件所记载的技术认为是专利技术。

另外需要注意的是，专利是具有保护期限的。专利技术会随着专利有效期的结束而变成非专利技术，或称过期专利技术，超出有效期的专利技术可以自由使用。需要注意是否有其他相关专利保护了该技术，且专利仍处于有效期内，在这种情况下，专利技术未经权利人许可是不能使用实施的。

2. 专利侵权

专利侵权是指未经专利权人许可，也没有法定的抗辩或免责事由，而以生产经营为目的实施了专利权保护范围内的技术的违法行为。《专利法》第十一条对专利权的法律效力作了明确规定，发明专利和实用新型专利被授权后，除本法另有规定的以外，任何单位或者个人未经专利权人许可，都不得实施其专利，即不得为生产经营目的制造、使用、许诺销售、销售、进口其专利产品，或者使用其专利方法以及使用、许诺销售、销售、进口依照该专利方法直接获得的产品。外观设计专利权被授予后，任何单位或者个人未经专利权人许可，都不得实施其专利，即不得为生产经营目的制造、许诺销售、销售、进口其外观设计专利产品。

专利侵权行为分为直接侵权行为和间接侵权行为两类。

直接侵权行为是指直接由行为人实施的侵犯他人专利权的行为。其表现形式包括：

（1）制造发明、实用新型、外观设计专利产品的行为。

（2）使用发明、实用新型专利产品的行为。

（3）许诺销售发明、实用新型专利产品的行为。

（4）销售发明、实用新型、外观设计专利产品的行为。

（5）进口发明、实用新型、外观设计专利产品的行为。

（6）使用专利方法以及使用、许诺销售、销售、进口依照该专利方法直接获得的产品的行为。

（7）假冒他人专利的行为。

间接侵权是指行为人虽然没有直接实施侵害他人专利权的行为，却教唆诱使了直接侵权行为的实施，或帮助他人实施了直接侵权行为。间接侵权主要包括教唆侵权与帮助侵权两种。

专利诉讼的实践中教唆侵权与帮助侵权通常也会被认定为共同侵权行为。但在一些情形下，如不存在意思联络、共同故意，不属于狭义的共同侵权行为。如果意思联络存在，则间接侵权人与直接侵权人承担连带责任；如果不存在意思联络，分别承担侵权责任。

（二）专利密集型产业

2014 年，国家知识产权局官方公布了《中国区域产业专利密集度统计报告》，报告提出将国民经济行业平均发明数量以上的行业定义为专利密集型产业。近年来，随着专利重要性的不断凸显，专利密集型产业日益成为经济社会发展的主要支撑和主导力量。

专利密集型产业分为信息通信技术制造业，信息通信技术服务业，新装备制造业，新材料制造业，医药医疗产业，环保产业，研发、设计和技术服务业等七大类。专利密集型产业的发展体现了知识产权、科技创新与产业经济发展的紧密融合。专利密集型产业是指发明专利密集度、规模达到规定的标准，依靠知识产权参与市场竞争，符合创新发展导向的产业集合。

专利密集型产业以核心专利技术为基础，以有效的专利保护为后盾，发挥专利在市场和技术之间的纽带作用，实现知识产权制度对产业创新资源的有效配置，加速形成基于核心专利技术的创新创业模式，从而提升产业市场竞争力，促进经济高质量发展。

2019 年，全国专利密集型产业增加值为 11.4631 万亿元，比上年增长 7%（未扣除价格因素），占国内生产总值（GDP）的比重为 11.6%，与上年持平。专利密集型产业已经成为我国经济高质量发展的重要支撑，但其占 GDP 的比重还有上升空间。对此，专家建议，我国专利密集型产业应从激励措施、产业融合、保护力度等多方面着手，进一步支持产业发展，让专利密集型产业的专利更“密”，推动经济高质量发展的进程更快。

1. 专利密集型产业的一般特征

第一，专利密集型产业具有高附加值。与普通的商品不同，专利密集型产业生产的产品中除了资本、劳动力等要素的价值，还凝结着科研人员的智力劳动成果——专利的价值，所以专利密集型产业相对于所有产业的平均水平，应该具有高附加值。

第二，专利密集型产业具有强辐射性。由于专利密集型产业拥有最先进的技术要素，而技术要素具有外溢性，通过向其他非专利密集型产业提供产品或服务，能改善其他产业的生产方式从而提高其生产效率。

第三，专利密集型产业具有地域性。同一个产业在不同国家和不同地区，由于资源和技术水平发展状况的不同，投入生产要素的方式不同，对其产业进行专利密集程度的测度，并进一步界定得到专利密集型产业不同。因此，同一个产业在美国是劳动密集型产业，而在中国是专利密集型产业的情况是有可能发生的，产业是否被认定为专利密集型产业与地域相关。

第四，专利密集型产业的概念具有相对性。与其他特定要素密集型产业一样，专利密集型产业是动态的、相对的，在不同的阶段有不同的范围和内容，它的测度评价是在一定时间范围内的。并且专利密集型产业也是相对于非专利密集型产业而言的，在一个产业内部，不同层次产业的专利密集度也不相同。例如，通信设备制造、航空航天器制造的专利密集度更高一些，而炼钢等产业的专利密集度相对较低；在交通运输设备制造业内部，航空航天器制造业专利密集度较高，而自行车制造的专利密集度相对较低。

2. 汇集创新要素，技术研发活跃

专利密集型产业在技术上表现为更高的技术研发效率和技术依赖度，同时技术进步呈现出明显的劳动节约倾向。从研发经费投入强度（占主营业务收入的比重）、新产品销售收入占主营业务收入的占比来看，高专利密集度产业明显高于低专利密集度产业，显示高专利密集度产业的新技术、新产品、新工艺研发应用活跃，创新资源配置和综合集成能力较强。

3. 产品外贸竞争优势明显

有关统计研究表明，高专利密集度产业出口交货值占总出口额的比重超过一半。同时，高专利密集度产业的出口交货值占其总产值的比重也远高于低专利密集度产业的相关比重，这表明高专利密集度产业在工业品出口中占主体地位，产品外贸竞争力更具优势。

智能手机行业是典型的专利密集型产业，我国企业在智能手机领域参与全球市场竞争时，经常面临巨大的知识产权风险和挑战。雄厚的知识产权实力是保障企业“走出去”并参与全球市场竞争的重要保障。

由于专利权产生于技术应用领域，与工业创新的联系更为紧密，正在成为工业创新驱动的核心。相关分析表明，专利密集型产业正在成为全球主导型产业的重要选择。

企业所拥有的专利一方面体现出企业的技术创新能力，另一方面则作为重要的战略资源影响着行业的技术竞争态势和未来走向。集成了大量优质专利资源的企业属于专利密集型企业，一方面，专利密集型企业通过发挥强大的技术创新能力或资本优势而持有大量的专利；另一方面，专利密集型企业持有的专利质量较高，对本行业乃至其他行业有着显著的知识溢出效应，对引领技术竞争发挥着重要作用。专利密集型企业表现出极强的品牌影响力和行业竞争力，是知识产权促进经济发展的最直接体现。专利密集型企业凭借专利这一重要的战略资源影响着行业的技术竞争态势和未来走向，从而促进知识产权对经济发展贡献度的提升。

德温特数据库的专利权人代码检索功能，收集了全球范围内德温特数据库编制的专利权人代码、所有企业的专利持有数量、专利被引次数，并保留专利持有量最多且总被引次数最高的前 203 家企业作为专利密集型企业的典型代表进行分析。

此外，中国企业“走出去”面临着较高的专利风险。2020 年专利涉案中国企业数量较 2019 年有所增加，新立案专利诉讼案件量较上一年增加了 83.22%。NPE 是在美国对中国企业发起专利诉讼的主要原告，发起的专利诉讼超三成。专利诉讼主要涉及移动通信设备行业，商标诉讼主要涉及消费品 / 消耗品行业，商业秘密诉讼主要涉及信息技术行业。涉诉中国企业主要集中分布在广东、浙江、江苏等省市，其中广东企业占比超过三成。专利诉讼多以撤案结案（75.78%），中国企业无一胜诉。商标诉讼有 69.08% 被判败诉，也仅有 6 家中国企业获胜。专利诉讼案件平均判赔额 534.85 万美元，商标诉讼案件平均判赔额为 84.13 万美元。

（三）企业活动潜在的知识产权风险

企业知识产权风险可分解为研发活动期风险、生产活动期风险和贸易活动期风险。

1. 研发活动期风险。研发活动期风险包括研发立项论证时未对现有技术进行详细检索，导致重复开发、自主开发成果不能使用的风险；研发完成后未对研发成果进行有效保护，导致研发成果被他人抄袭、自身被他人授权专利限制使用的风险；产学研合作中未明确合作成果的知识产权归属，造成各权利人间出现知识产权纠纷的风险。

2. 生产活动期风险。生产活动期的风险主要有采购环节中对供应商提供的产品，技术未进行知识产权评价，可能造成的对第三方知识产权的侵权；委托他人制造时未明确规定研发得到的知识产权的归属、使用及保密，从而引起的知识产权纠纷；对于上游或下游单位未明确规定知识产权归属以及保密责任，造成企业知识产权流失的风险。

3. 贸易活动期风险。在产品销售活动期间涉及的产品商标、广告语营销方案等均可能引发侵犯他人知识产权的风险。

针对以上知识产权侵权风险和纠纷，可以看出未对企业知识产权进行有效管理，没有建立有效的预警和防范机制，是企业知识产权风险的主要成因。

（四）如何进行知识产权侵权风险的排查

什么是知识产权侵权行为？知识产权侵权行为一般该如何认定呢？具体可以从以下几个方面来分析。

1. 被侵犯的知识产权必须具备有效性

这一要件即被侵犯的知识产权必须是在我国申请的，并且已经获得了国家知识产权局的核实与批准。知识产权的有效时间必须不能过期，也不能是正在进行申请的而尚未批复的知识产权，或者已经被国家知识产权局的复审委员会宣布失效的知识产权。以上的有效性若不具备，则不能进行知识产权侵权的诉讼。

2. 侵权行为务必清晰界定

这一要件即原告方必须对侵权方的行为进行详细说明，并能够提供充足的证据证明侵权行为的发生。事实上，我国知识产权有关法律已对这一要件进行了详细规定，并指出了侵权行为的种类及不能算作侵权行为的事件。

3. 侵权行为必须是以营利为目的

根据规定，如果以营利为目的使用一项知识产权，在使用方必须获取权利所有者的许可，否则就构成知识产权的侵权行为。因此，以营利为目的也是知识产权侵权的主要构成要件之一，而不以营利为目的的侵权行为则应视情况而定。

4. 侵权行为的发生必须是由侵权方的主观过错所致

无论侵权方的主观过错是有意的还是自身失误所致，都应对知识产权的损失负有赔偿责任。如果侵权方能够证明这一行为的合法性，也可以不负赔偿责任，但仍需要承担停止侵权、销毁侵权产品等侵权的民事责任。

（五）如何应对知识产权侵权风险

1. 做好专利分析，为“专利陷阱”敲响警钟

专利信息分析是制定专利战略、增强竞争优势、保护知识产权的基础和前提，对于保护发明创造、鼓励技术创新、促进社会进步和经济发展具有重要的战略意义。专利信息（patent information）狭义上是指所有可以从专利机构所出版的文件中获得的技术信息、经济信息、法律信息和其他有关权利人的任何信息。换句话说，专利信息是以专利文献为载体，再现客观事物属性的信息总和。而广义上，专利信息是指一件专利从递交开始，围绕其产生的任何信息，也包括没有在文献中展现的如应用范围、影响因素等综合信息。

2. 建立预警和防范预案，主动防范知识产权风险

为了应对知识产权侵权风险，建议企业应当加强知识产权管理，建立预警和防范预案，以主动防范知识产权风险。

（1）加强知识产权管理体系建设。企业首先应当加强知识产权体系建设，根据企业自身特点和发展目标，自己或委托专业机构构建符合自身发展特色的

知识产权管理体系，保证领导重视、全员参与，设立知识产权部门，明确各部门功能权责，并建立完善相应的知识产权管理制度和管理流程，规范研发成果通过专利申请、技术秘密等方式进行保护，制定知识产权运用、风险管控等程序，形成科学、合理、有效的知识产权管理体系。

（2）实施知识产权风险预警。知识产权风险的产生是由于经营管理中存在不确定因素，因此加强风险防范是降低风险的主要且有效途径。在企业研发活动中，在项目立项阶段，应认真进行专利检索和分析评判；研发活动完成后，通过健全的评审程序确定有效的保护形式，及时采取申请专利等不同的形式对研发成果进行保护；在采购阶段评价供应商知识产权状况，通过合同的方式约束供应商，以避免由于供应商对他人知识产权的侵权给企业造成知识产权侵权风险；新产品销售前，加强专利预警、商标、营销方案、广告语等相关知识产权查询，规避侵权风险，同时还应当加强对竞争对手的定期监控，防止他人侵犯本企业的知识产权。此外，若企业采用委托研发或委托制造的方式与他人合作，在合同中需对知识产权相关权利的归属、使用和收益进行明确的规定，签订保密协议等具有法律效力的条约，以防止他人侵占本企业的知识产权。

（3）建立健全知识产权档案。知识产权档案是侵权纠纷中的重要法律证据，健全完备的知识产权档案可有效地应对侵权诉讼。健全完备的知识产权档案包括研发活动的研发记录、知识产权评审资料、专利申请文件交底书等与研发成果相关的所有资料和文件，其中专利内容不仅包括技术研发相关文件、申请专利原始文件、专利证书等，还应包括专利申请修改过程文件、专利年费缴费票据、专利变更文件等，具体的企业知识产权档案应根据知识产权活动的特点进行整理归纳，保证各类资料文件的完整完备，以更好地防范和应对知识产权风险。

（4）采取合同约束防范措施。合同是市场经济活动中重要且基本的法律文件，企业在知识产权风险管理中应积极地利用合同的法律效力来防范风险。在采购环节中要求供货商在合同中明确确保所提供的产品不侵犯他人知识产权，或一旦侵权，供应商承担相应的侵权责任。自主研发后委托他人制造时，企业与指定厂家签署合同时，应在合同条款中约定对方对未申请保护的知识产权进行保密。对于合作开发的技术，应明确合作中各方对研发成果的所有权、使用权和收益权。

为防范企业员工不当行为给企业带来的知识产权风险，尤其是企业核心管理人员和技术人员在设计过程中可能会重复以往的设计方案、技术解决方案等，若此类人员跳槽到其他企业，易引起法律纠纷，给企业带来知识产权风险。因此，企业还应当加强对企业人员的合同约束，与企业员工签订职务发明专利权归属、竞业禁止等协议，明确员工应保守商业机密、技术机密，从而防范内部用工流失给企业造成的知识产权风险。

（5）利用专利信息进行技术方案规避设计以防范侵权风险。企业在产品投放市场时，对前期未进行充分检索或针对意外出现的侵权风险进行预警、FTO分析，以避免投放市场后的侵权诉讼。如果发现存在侵权风险时，可以利用专利信息，如专利权人为获得专利而放弃的技术、现有技术中描述的技术、省略部分要素及相应性能的技术、说明书及附图中记载但未反映在权利要求书中的技术方案来有效规避侵权风险。

3. 知识产权侵权的抗辩

相关部门应明确知道自身是否具备充足的资质来作为维护知识产权的权利所有方，因此法律部门需对原告的主体资质进行技术认证，若发现不符合主体资质之处，则应采取消诉讼行为。

明确所要诉讼的知识产权的有效保护期。一般而言，知识产权具有一定的时间限制，根据《专利法》的规定，保护期在 10 年到 20 年，并且是从专利申请之日开始计算的。

明确知识产权的诉讼时间效力。我国《知识产权法》对此也有明确的规定，认定知识产权提起诉讼的时间有效期为 2 年，并且这一时间应自权利人知道或者应当知道自身权利受到侵害之日起进行计算。如果超出 2 年的诉讼时效，则法院将不再受理这一侵权事件，而原告也将丧失起诉的权利。

明确知识产权法所适用的范围，而这又主要以知识产权保护申请书来加以体现。一般情况下，双方都需提交知识产权保护申请书，相关部门有必要对双方所提交的知识产权进行有效核定与对比，从而明确双方所拥有的知识产权是否具备相同或相似性。与此同时，也要及时了解双方知识产权的申请是否含有限制性条款，从而明确界定双方所拥有的知识产权范围，并最终对保护申请书中的一系列内容进行界定，确定是否构成知识产权的侵权。

运用公知技术进行抗辩。所谓公知技术，是指在专利申请之日以前在国内外出版物上有过发表或者运用其他方式使公众对此有一定的认识。

充分运用各种权利进行抗辩。《专利法》有明确规定，一些单位虽然并非专利的所有者，但是由于获得了一定的许可权，并采用这种知识制造了相关的产品最终盈利，则并不能算作侵权行为，专利所有者也无权对此进行申诉。

运用合法渠道取得来进行抗辩。《专利法》对此也有着十分清晰的解释，即如果被告方在不知晓具体事项的情况下，应该被认定为善意的第三方，并非真正意义上的侵犯权利，应受到法律的保护。这种合法性实质上是指被告方所有的制造、销售、服务环节都遵循法律的相关规定，并可以证明所取得的财产来源渠道合法，就并不能算作侵权。另外，被告方也可运用临时过境、科研目的及强制许可手段来维护自身的权利，进行抗辩。

（六）无效涉案知识产权权利策略

由于专利诉讼相对商标较为复杂，本节将以专利为例予以阐述。根据《专利法》及其实施细则，以及《专利审查指南》的相关规定，专利的无效程序可分为以下几个步骤。

1. 无效程序的启动

无效程序启动的时间为自国家知识产权局授予专利权之日起的任何时候，可以一直持续到该专利权终止后。由于无效宣告请求审查决定能够对专利权终止前的某些事项产生影响，因此允许在专利权终止后提出无效宣告请求。

无效程序启动的主体包括任何单位和个人，但是根据《专利审查指南》的规定，专利权人不得宣告自己的专利权全部无效。

2. 无效宣告请求的审查

专利复审委员会经形式审查合格受理无效宣告请求从而启动无效程序后，成立合议组对无效宣告请求案件进行合议审查。绝大部分案件由 3 人（1 名组长、1 名主审员、1 名参审员）组成的合议组进行审查。只有极少数案情重大的案件才由5人合议组（1名组长、1名主审员、3名参审员）进行审查。

3. 无效宣告请求审查决定的作出

合议组经审查作出无效宣告请求审查决定。无效宣告请求审查决定有三类，一是宣告专利权全部无效，二是宣告专利权部分无效，三是维持专利权有效。

4. 后续的司法救济程序

根据《专利法》第四十六条第二款的规定，对专利复审委员会宣告专利权无效或者维持专利权的决定不服的，可以自收到通知之日起3个月内以专利复审委员会为被告向人民法院起诉。

受理诉讼的法院和诉讼性质与不服复审决定提起的诉讼相同。需注意的是，无效程序的对方当事人作为第三人参加诉讼。

由于专利无效程序的业务相对较为专业，一般应由具有一定职业能力资质的人士进行。因此，如果需要采用无效策略，必要时建议聘请律师或专利代理人提供相关专业领域的服务。

（七）技术方案规避设计策略

专利技术规避的实施，主要通过规避设计进行。而规避设计的依据则是相应的专利分析。一方面，通过专利分析了解竞争者的专利布局，从中寻找自身可以发展的市场；另一方面，通过专利分析，对于专利技术方案进行详细解读，从中研究得到可以替代的方案。主要有五类方案：

第一，仅借鉴专利文件中技术问题的规避设计，通过专利文件了解新产品的性能指标或技术方案解决的技术问题。

第二，借鉴专利文件中背景技术的规避设计，在此基础上创造出不侵犯该专利权的设计方案。

第三，借鉴专利文件中发明内容和具体实施方案的规避设计。在此过程中，一方面寻找权利要求的概括疏漏，找出可以实现发明目的却未在权利要求中加以概括保护的实施或相应变形；另一方面可以通过应用发明内容中提到的技术原理、理论基础或发明思路，创造出不同于权利要求保护的技术方案。

第四，借鉴专利审查相关文件的规避设计。专利权人不得在诉讼中对其答复审查意见过程中所作的限制性解释和放弃的部分反悔，而这些很有可能就是可以实现发明目的，但又排除在保护范围之外的技术方案。

第五，借鉴专利权利要求的规避设计。这种规避设计是采用与专利相近的技术方案，而缺少至少一个技术特征，或有至少一个必要技术特征与权利要求不同。这是最常见的规避设计，也是与专利保护范围最接近的规避设计。

四、过程也很重要：规制企业采购过程的知识产权问题

（一）采购活动中如何完成尽职调查

在采购过程中，几乎所有的产品从材料到外形、从结构到使用、从软件到硬件、从生产到操作或提供的服务等方方面面均可能涉及知识产权。

采购活动中的知识产权尽职调查是对企业在采购或供应商选取过程等重大经营活动中的知识产权状况进行事前审查，通过系统化的梳理发现知识产权潜在风险点，评估这些风险点可以对企业经营活动造成的影响，帮助企业有效地化解知识产权风险，从而实现企业利益最大化。

企业在采购过程中如何做好尽职调查，可从以下几个方面着手。

1. 关于知识产权权利的调查

对知识产权权利本身的调查是对采购对象及其知识产权获取的法律调查的核心。从技术角度看，调查方式因知识产权的类型不同而不同。但无论何种类型的知识产权，法律调查都应聚焦知识产权如何产生、是否有效、权属现状及变化情况等。通过这些调查判断供应商产品技术或服务所含知识产权是否合法取得并维持有效。

此外，对于拟收购的知识产权，采购方还应考虑采购并使用供应商的知识产权是否存在法律障碍。具体而言，调查重点应集中在知识产权申请、注册、变更、登记、许可／授权、转让、涉诉等情况，尤其应当留意其中是否涉及共有权利、职务发明或作品，供应商是否与第三方通过协议方式明确，对于采购所涉及的知识产权是否作出过其他安排等情形。

2. 关于知识产权对应性调查

浙江华立并购飞利浦 CDMA 无线通信部门 600 项 CDMA 核心技术专利时，

因事先未调查出飞利浦与高通签订了一系列CDMA芯片相关的协议，直接导致其不但未能通过收购获得目标CDMA专利技术，其开发和销售的CDMA芯片、终端设备，还需要向高通公司支付技术许可费。

对应性调查主要包括两个方面：一是调查供应商的知识产权与采购产品技术或服务是否匹配；二是调查采购的知识产权与企业自身产品技术的规划发展方向是否一致。

知识产权与采购商品之间的对应关系反映的是供应商产品获取方式的合法性。在一定程度上，知识产权本身能够证明供应商产品技术是否为其自主知识产权。对应关系越紧密，则未来发生侵犯他人知识产权的风险越小。

此外，产品技术及其包含的知识产权也是动态变化的，时刻都在经历由横向到纵向的发展。企业期待通过产品或技术知识产权的收购，促进企业自身延长产业链、优化技术。而这个过程并不仅仅是产品、技术的采购，同时也伴随知识产权的交易。当采购的对象是知识产权本身时，则需要更加关注对知识产权与企业互补性的调查。企业自身技术与购入技术的整合也是决定并购目的能否充分实现的关键。这个过程可分为三部分：选择采购标的时，企业应当结合自身已有的知识产权情况、企业的发展战略等评估、筛选采购标的；采购过程中，应结合已有技术和中短期技术发展目标对标的知识产权与已有知识产权进行详细调查和对比，确保标的知识产权能够为己所用；采购后，对购入的知识产权与已有知识产权进行整合、对接，消化所获取的知识产权以实现采购战略目标。

3. 关于知识产权关联性的调查

（1）调查分析他人围绕待采购的目标产品相关专利布局情况，评估目标公司技术侵权的风险及潜在威胁。进一步收集调查标的公司的相关信息：一是主要关注其经营方式、业务模式与其核心技术的匹配度，并研判技术、知识产权在目标公司商业模式中所处的地位；二是对公司内部机构、外部关联主体以及公司过往发展方面的相关信息进行调查分析，以通过关联主体分析其核心技术的客观状况。如公司的内部划分、公司分支机构设置以及分支机构过往的发展及演变历史，特别是其中专利技术的流向。

（2）调查目标公司的专利权属是否清晰无纠纷，是否存在权利负担（例如，目标公司的知识产权是否存在质押、许可等受第三方限制的情况），目标公司以往涉及的侵权诉讼等情况。

（3）调查供应商关联主体知识产权情况，对于供应商以及供应商的合作领域、合作产品、合作技术以及其中与知识产权保护相关的情况进行调查，以最大限度地识别、规避潜在的技术及法律风险。关联主体的调查主要包括对公司内部职工、外部相关供应商、合资伙伴以及竞争对手等相关情况进行梳理，调查这些关联主体是否存在影响目标公司核心技术自由实施的因素。

（二）采购合同中如何设计知识产权条款

在采购合同中约定知识产权条款，在促成合作的同时，最大限度地降低日后因为知识产权纠纷而影响企业商业利益的风险。

一般而言，采购合同中至少应该约定如下知识产权条款：

第一，承诺供应的所有产品的范围，是否包括之前已经供应的产品和未来将要供应的产品。以及知识产权的类型，如商标权、专利权、外观设计、著作权以及我国法律规定的其他知识产权权利及关联权利。承诺供应的产品，如含有商标权、专利权或著作权等内容，是否为合法的权利人或授权许可人。针对供应商提供的产品以及相关生产过程，应约定获得供应商的相关技术、品牌等知识产权的授权，包括合理使用、组装以及销售或许诺销售的权利。

第二，明确知识产权担保条款。要求供应商提供所涉物料的知识产权不侵权责任担保。买方不对供应商提供的货物的商标、专利是否侵犯他人的权利负责，如因供应商提供货物引发争议或违法导致买方受损的，供应商应承担赔偿责任。实践中，一些处于优势地位的供应商可能会拒绝提供担保，或者要求更高的对价。建议明确如若发生侵权诉讼的责任承担，由哪方来主导应对侵权诉讼，并可以要求一旦发生诉讼由供应商提供技术支持。

第三，如供应商提供的产品或服务中包含第三方知识产权，应要求供应商提供有关详情和使用限制（包括使用范围、使用期限等）以及其与第三方的许可使用合同或其他证明其可以合法使用的证据。供应商应保证买方在使用本采购合同项下的货物或其任何一部分时免受第三方侵犯其知识产权、商标权或工业设计权的起诉。如涉及供应的产品被第三方起诉侵权并要求承担赔偿责任或其他责任的，是否承担对方因此遭受的全部损失，是否包括但不限于对第三方作出的赔偿、行政处罚、律师费、应诉成本等。

供应商应保证提供货物的商标、专利等知识产权归供应商所有，对于非供应商所有知识产权的货物，供应商有义务提供给买方正规渠道证明。

第四，供应商商标、专利许可的使用范围仅限于买方合同范围内产品，合同终止后，供应商应授权买方或第三方从事制造所必需的知识产权、技术协助（技术文件设备或工具）。

（三）采购环节知识产权侵权责任如何承担

1. 停止侵害

只要构成知识产权侵权行为即同时构成停止侵害的民事责任，在这里，侵权行为和侵权责任的构成要件相同。此外，我国《商标法》《著作权法》《专利法》都分别对即发侵权作出了类似的规定：当权利人或者利害关系人有证据证明他人即将实施侵犯其知识产权的行为，如不及时制止，将会使其合法权益受到难以弥补的损害的，可以在起诉前向人民法院申请采取责令停止有关行为和财产保全的措施。对权利人来说，这类似于物权请求权中的妨害停止请求权，对义务人来说，则只要其行为具备违法性即构成侵权，即应承担停止侵害的民事责任。

2. 赔偿损失

《专利法》第七十一条规定：“侵犯专利权的赔偿数额按照权利人因被侵权所受到的实际损失或者侵权人因侵权所获得的利益确定；权利人的损失或者侵权人获得的利益难以确定的，参照该专利许可使用费的倍数合理确定。”第七十七条规定：“为生产经营目的使用、许诺销售不知道是未经专利权人许可而制造并售出的专利侵权产品，能证明该产品合法来源的，不承担赔偿责任。”《商标法》第六十三条第一款规定：“侵犯商标专用权的赔偿数额，按照权利人因被侵权所受到的实际损失确定。”第六十四条第二款规定：“销售不知道是侵犯注册商标专用权的商品，能证明该商品是自己合法取得并说明提供者的，不承担赔偿责任。”据此可以看出，赔偿损失适用的是过错责任原则，其构成要件是完整的“四要件”，即损害事实、主观过错、行为的违法性以及行为与损害事实之间的因果关系。

3. 返还不当得利

《与贸易有关的知识产权协议》第四十五条第一款规定：“对已知或有充分理由应当知道自己从事侵权活动的侵权人，司法机关有权责令侵权人向权利持有人支付足以补偿其因知识产权侵权所受损害的赔偿。”这就是损害赔偿的过错责任原则，该条第二款规定：“司法部门应有权责令侵权者向权利所有者支付费用，其中可以包括适当的律师费。在适当的情况下，即使侵权者不知道或者没有正当的理由应该知道他从事了侵权活动，缔约方也可以授权司法部门，责令返还其所得利润或支付预先确定的损害赔偿费。”这一款规定的责令返还的“所得利润”，即类似我国的“侵权人因侵权所获得的利益”。不同的是，TRIPs 协议规定的“返还所得利润”是一种责任形式，而我国则是作为赔偿数额的计算方法。

样例一：专利合作协议

甲方：____________________

乙方：____________________

甲、乙双方本着互惠互利、友好合作的原则，经过平等协商，在真实充分地表达各自意愿的基础上，根据《中华人民共和国合同法》的相关规定，达成如下协议，并由双方共同恪守。

一、本协议下的专利权：

（一）为_____发明 / 实用新型 / 外观专利。

（二）发明人 / 设计人：_____。

（三）专利权人：_____。

（四）专利授权日：_____。

（五）专利号：_____。

二、因使用该产品的设备技术性较强，甲方以分红请乙方作甲方公司的技术总监。

三、合作分工：

1. 甲方负责建立营销团队，开发市场，提供设备资金，物料采购，产品销售，产品配送，财务管理，生产管理等。

2. 乙方负责项目技术开发，生产培训，生产监控，产品管理等。

3. 甲方负责向国家申请相关项目补助金，乙方予以配合，申报及运作等费用由甲方承担。

样例二：合作开发产品、市场协议书

甲方：____________________

乙方：____________________

根据《中华人民共和国合同法》的有关规定，经甲、乙双方友好协商，本着长期平等合作、互利互惠的原则，为实现技术研发与市场营运的直接联盟，创造良好的经济效益和社会效益，达成以下协议：

一、合作宗旨

促进 ××× 的设计研发和产业化的发展，充分利用甲方广泛的市场资源优势及创作能力和发挥乙方现有的研发水平，实现技术研发与市场营运的直接联盟。

二、合作范围

协议各方共同开发 ×××，合作范围包括 ×××。

三、合作期限

经合作双方协商，合作期限为 ××× 年。

四、合作方式及条件

1. 甲方以现有的市场营销网络及社会资源为基础，更进一步地开发市场潜力，逐步形成一个规范化、全国性的营销网络。

2. 甲、乙双方根据社会需求，收集和承接该系列产品的开发项目。

3. 乙方应配合甲方做好技术咨询，并在开拓业务进程中提供技术支持。

4. 经合作双方协商，将产品研发工作合理分配，创作定稿后，任何一方不得随意更改，以免对其余各方造成履约困难。

5. 合作双方应坚持勤勉努力、诚实信用的原则，进行各方分别负责的产品研发工作，并考虑到各方研发的兼容和接合，如一方合作人发生特殊技术困难，另一方合作人有义务为其提供合理适当的技术帮助。

6. 合作双方研发的系列产品其著作权均由合作双方共同享有。

7. 合作双方在产品研发的过程中，不得有侵犯他人知识产权的行为，否则，应对外承担全部侵权责任。

五、权利义务

1. 属于甲、乙双方共同策划、共同开发的项目，其所有权属于甲、乙双方共同拥有。

2. 属于乙方单方承接的开发项目，其所有权属于乙方拥有。

3. 在双方合作过程中，甲、乙双方无权干涉对方企业内部管理。

4. 双方应以诚信为本，互相交流和切磋业务情况，以便互相促进。

六、利益分配

1. 属于双方共同开发的系列产品，由双方协商市场价，扣除乙方对研发所必需的成本后按税后利益的___% 比例分成，此分成比例可每半年调节一次，根据合作情况协商调整。

2. 属于乙方单方开发的产品，甲方如有兴趣合作，可在双方协商后，另外确定合作方式和分成方式。

七、共同研发的成果归属与分享

1. 一方转让其共有专利权的，另一方可以优先受让其共有专利权。

2. 合作各方中，单方声明放弃专利申请权的，可由另一方单独申请。

3. 研发项目被授予专利以后，放弃专利申请权的一方可以免费取得该项专利的普通实施许可，该许可不得撤销。

4. 一方不同意申请专利的，另一方不得单方申请专利。

5. 在特殊情况下，当事人各方还可以在合同中规定对技术成果权的分享份额以及各自享有的专利申请权，将对在技术开发的各主要阶段产生的研究开发成果，约定各自独立享有的权利。

八、保密条款

1. 甲、乙双方所提供给对方的一切资料、专项技术和对项目的策划设计要严格保密，并只能在合作双方公司的业务范围内使用。

2. 甲、乙双方公司的全部高级职员，研发小组人员将与合作公司签订保密协议，保证其对在职期间和研发期间所接触的保密资料、专项技术予以保密。

3. 凡由甲、乙双方提供与项目、资金有关的所有材料，包括但不限于资本营运计划、财资情报、客户名单、经营决策、项目设计、资本融资、技术数据、项目商业计划书等均属保密内容。

4. 凡未经双方书面同意而直接、间接、口头或者以书面的形式向第三方提供涉及保密内容的行为均属泄密。

九、合作终止

合作开发活动如发生以下事由之一，将终止：

1. 双方合作人同意终止合作关系；2. 合作项目因技术原因，根本不能完成；3. 合作项目违反法律被撤销。

十、纠纷解决

甲、乙双方在执行本合同时发生争议，可通过双方友好协商解决。若经双方调解无效，可向有关仲裁机构提请仲裁。

十一、其他

本协议如有未尽事宜，双方协商解决。本协议一式两份，双方各执一份，经签字、盖章后生效。两份合同具有同等法律效力。

甲方（盖章）：________　　　　　　　乙方（盖章）：________

法人代表或授权人（签字）：_______　法人代表或授权人（签字）：______

_____年___月___日　　　　　　　　　　　　　_____年___月___日

第七章

企业知识产权保护典型案例

知识产权具有无形性、传播性、共享性等特点，这些特点使得相关侵权行为呈现隐蔽性、多发性，导致权利人调查、取证困难，维权成本高。除企业自身的主动维权外，每年各级政府的市场监督管理部门都会开展整治侵犯知识产权和制售假冒伪劣商品的行为，切实维护发明人的“金点子”。因此，本章梳理了近年来有代表性的典型案例，通过这些案例，企业不仅能够学到如何将知识产权意识贯穿整个研发、生产、销售环节，在各个环节上保护好证据，降低举证难度；同时，还能够学会如何利用行政保护和司法保护两种途径，在遭遇侵权时能快速找准解决纠纷的办法，降低权利人的经济损失。

一、朗科专利闪亮的一生

朗科成立于 1999 年，2010 年 1 月在深圳创业板发行上市，拥有内存盘及移动存储的技术、专利，专业从事内存盘及移动存储产品的研发、生产、销售及相关技术的专利运营业务。

从这一专利产生之初到专利权终止，国家知识产权局专利复审委员会针对朗科 U 盘专利 99117225（以下简称朗科专利）无效宣告请求的审查高达 11 次，并且都以朗科的胜诉为最终结果。这其中包括 2 次专利复审委员会决定维持朗科专利的专利权全部有效，剩余 9 次申请人撤回无效宣告请求，朗科专利犹如一尊金刚座，岿然不倒。只是一项发明专利，就给朗科带来直接和间接收入为 5 亿元至 10 亿元，这项专利有太多的唯一。在专利保护的 20 年时间内，朗科跟专利有关的诉讼达到了 62 起。大多数情况下，朗科在其中扮演的都是原告的角色，而诉讼的理由就是被告侵犯了朗科专利。这其中的被告方包括中国企业，也有日本及美国等国家和地区的诸多高科技企业，如东芝、金士顿等国外科技巨头。

2019 年 11 月，关于朗科的报道非常多，是中国专利史上从来没有过的热度。专利号 ZL99117225.6，专利名称“用于数据处理系统的快闪电子式外存储方法及其装置”的朗科专利到期，这个专利从头到尾整整“活”了 20 年。

朗科专利过期了吗？没有。它的效力还在延续，它的收益还没有完。尽管它的 20 年专利保护期限到了，但是它的诉讼案件还没完，它提起诉讼请求赔偿的案子，当时还在审理过程中，虽然它到期了，但它的收益还会持续一段时间。

我们先回顾这项专利的保护历程，朗科专利的完整保护期 20 年，一个专利的辉煌历史。

这项发明专利是一个方法及装置的专利，专利权人是邓国顺和成晓华，这两个人在中科院读研究生的时候是同学。专利申请日是 1999 年 11 月 14 日，获批中国的专利授权是 2002 年 7 月 24 日。代理机构是深圳睿智专利代理所，代理人 1999 年撰写专利的时候 60 多岁，现在已经 80 多岁了，是一位非常资深的老专利代理师。这项专利的摘要 1 页，权利要求书 3 页，专利说明书 8 页，附图 6 页，这一切看上去只是一件普通的发明专利。

邓国顺从中科院毕业以后，到新加坡工作了一段时间，然后回国创业，恰巧新加坡那边也有一些公司在搞存储，而且发明的相关产品技术，几乎和他时间差不多。当时他们获得专利授权以后，新加坡那边的公司就提出来无效复审。而对他这项技术提出挑战的不止新加坡的公司，还有以色列一家叫 M 系统（M System）的公司，所以一直处于激烈的竞争之中。刚授权的时候，专利权还不是很稳定，直到 2004 年，朗科获得了美国专利局的专利授权（专利编号为 US6829672），这项 U 盘专利被全世界确认下来，开始处于稳定状态。

由于这个专利技术的稳定性，经受住了多次挑战，而且带来很大的收益，2013 年获得了第十五届中国专利金奖。这个金奖实至名归，无论是专利对应的技术，专利本身撰写的水平，还是后期它产生的经济效益，都真正达到了金奖设计的标准。从 2006 年至 2019 年，仅这一项专利就为朗科带来 3 亿多元的专利许可费。一个专利带来这么多的专利许可费，实属中国专利史上的奇迹，并且就是靠这一个专利，而不是一组专利。

朗科公司的收入有两部分，一个是专利许可费，另一个就是它用 2 亿元专利许可费建造的朗科大厦。2019 年，这个专利失效后，它的收入就主要变为了不动产，即物业出租的收入。

了解了朗科专利的简要过程之后，总结一下这项专利给人们带来的启发。首先，朗科专利的一生，是战斗的一生，是诉讼的一生。从完成申请程序刚刚被授权之后，就开始有别人提出无效复审，一直到该专利技术被侵权，又要维权，要发起侵权诉讼，并且还要针对其他公司的无效请求进行抗辩。这说明知识产权特别是专利、软件著作权等工业知识产权，就是要靠“胡萝卜加大棒”，通过诉讼使得专利权利稳定，迫使对方来支付许可费。实际上发达国家的公司也不愿意掏许可费。朗科在美国也打过官司，迫使美国公司支付许可费。美国的 PNY 公司支付了 1000 多万美元的许可费，就是在朗科提起诉讼之后才支付的。

此外，就是专利对科技公司的影响太大了。在朗科专利到期之后，不仅社会舆论对它进行讨论和反思，深交所也向朗科公司发来问询函，问它：“作为一个科技公司，朗科专利到期后，运营是否能继续开展？对公司业绩是不是有不利影响？”朗科公司没有直接回答这个问题，但是它在 2019 年 11 月 21 日发布了一个“关于起诉北京旋极信息技术股份有限公司等单位侵犯公司发明专利权事项进展的公告”，披露了一些诉讼案件的情况，间接地回答了在近一两年，还有这么多官司没有打完，还有很多侵权赔偿，其会成为公司的收入。因此，对于科技公司来说，值得人们思考的是“一招鲜并不能吃遍天”，也就是说，科技公司必须要持续创新才能在主业上大展拳脚，才能发展下去，必须要不断投入进行研发。

我们关注的是知识产权保护技术成果，朗科专利完全是一个典型案例，值得系统深入地进行研究，特别是那么多外资公司曾经提出无效请求的案件需要深入挖掘。比如朗科公司包括公司的代理律师、专利师，是如何应对这些无效请求的，这个专利当年是如何写的。

此外，企业不要怕打官司，一般研发人员认为打官司是不礼貌的、不友好的。其实知识产权的权利是无形的，边界很难确定，往往要通过诉讼来确定，所以诉讼本身就是营销手段之一，“胡萝卜加大棒”就是它的营销方法。

在专利失效之前，建议企业做的一些工作包括：以核心专利为基础，在全球范围内围绕即将失效的产品或者技术布局众多的专利，形成“专利池”，使得相关产品同时受到多个专利的保护。在与一些重点维权目标进行谈判时，首先，考虑以“专利池”而不是单个专利作为授权许可的标的。其次，在进行专利授权时，也考虑以采购产品的方式来进行授权，将传统的专利授权模式改变为产品端的商业合作，以减少对专利的依赖。此外，努力挖掘现有专利的潜力，争取将现有专利的价值发挥到最大化。也可考虑通过第三方引进一些优质的专利、专利申请或者技术构思，优化“专利池”的结构，丰富维权产品的类别。

朗科专利的成功在很大程度上在于发明人对申请专利的时间点的把握。如果发明人申请专利稍微晚一两年，有时甚至只晚几个月，可能就拿不到这项技术的专利。对于很多技术都是如此，一项技术的成功依赖其他几项技术成熟时，经常会出现这种情况。发明人敏锐的嗅觉和才智促使他获得了这项专利。

二、中微半导体：知识产权战略护航，国产芯片崛起

在一台智能手机中，最核心的硬件当数手机芯片。其中，以美国高通骁龙和苹果 iOS 最为著名，其次是台湾联发科、三星以及华为海思麒麟，以及小米澎湃芯片。这些知名的企业都仅仅是芯片的研发者而非生产者。

由于制造芯片的工艺复杂，生产线投入过高，智能手机厂商们大多选择代工的形式，这其中又以英特尔、台积电等公司的制造水准最为出色。而有能力向芯片生产厂商提供制造机器——半导体设备的制造企业，可谓屈指可数。

半导体工艺流程主要包括单晶硅片制造、IC 设计、IC 制造和 IC 封测。单晶硅片制造需要单晶炉等设备，IC 制造需要光刻机、刻蚀机、薄膜设备、扩散 / 离子注入设备、湿法设备、过程检测六大类设备。半导体设备中，晶圆代工厂设备采购额约占 80%，检测设备约占 8%，封装设备约占 7%，硅片厂设备等约占 5%。半导体设备市场集中度高，其中 CR10 占比超过 60%。全球半导体设备生产企业主要集中于欧美、日本、韩国和中国台湾地区等，以美国应

用材料、荷兰阿斯麦、美国泛林集团、日本东京电子、美国科天等为代表的国际知名企业起步较早，经过多年发展，凭借资金、技术、客户资源、品牌等方面的优势，占据了全球集成电路装备市场的主要份额。中国 90% 的芯片都需要靠进口。然而，这一竞争格局从 2004 年后开始被改变，一家名为中微半导体设备（上海）有限公司（以下简称中微半导体）的企业成立，为这个高端制造领域注入了一颗奔腾的中国“芯”。

中微半导体自主研发的纳米级等离子体刻蚀设备的市场化，是中国半导体设备产业的里程碑式事件，它意味着全球半导体设备供应的市场竞争格局从此发生了改变，填补了中国高端芯片装备制造工艺的空白，打破了国内产业低水平、高成本的局面，实现了与国际顶级制造工艺的顺利接轨。

中微半导体成立于 2004 年 5 月 31 日，董事长尹志尧一直在美国硅谷从事半导体行业，在世界最大的半导体设备企业——美国应用材料担任公司副总裁，参与了美国几代等离子体刻蚀机的研发，并以自己的努力在国际半导体行业赢得了相当的声誉和地位，被公认为“硅谷最有成就的华人之一”。公司产品主要包括介质刻蚀设备、硅通孔刻蚀设备和 MOCVD 设备，均已成功进入全球重要客户供应体系。

尹志尧要放弃在美国打拼的一切，以不到美国公司 1/5 的年收入，冒着技术、产品、市场的众多风险回国创业，其中的决心和勇气可想而知。然而，在尹志尧看来，这一切都是水到渠成的选择：“给外国人做嫁衣已经很长时间了，我们应该给自己的祖国和人民作一些贡献，所以就决心回来了。”

与尹志尧一同回来的是 30 位在美国应用材料、科林等国际巨头有着 20 年到 30 年半导体设备研发制造经验的资深华裔工程技术人员和管理人员。在回国之际，他们冲破美国政府的层层审查，所有技术专家承诺不会把美国公司的技术，包括设计图纸、工艺过程带回国内，美国方面也对归国人员持有的 600 多万个文件和所有个人电脑做了彻底清查。

为了填补我国在半导体设备技术领域的空白，打破国外企业的垄断，这支堪称近年来最优秀的海归创业团队，从零开始，重新研发申请专利，投身中国半导体设备产业的发展，开始了中微半导体的艰苦创业。当时众多媒体，包括

《美国日报》在内的美国大报都对中微半导体的启动进行了报道。

尹志尧和他的团队所挑战的不是做复杂而精密的芯片，而是开发制作芯片的高端设备，这是世界上最尖端的集成电路制造工艺，可谓高端制造业的最高端，目前只有美国、日本和荷兰少数几个国家才能制造。形象地说，要造出先进的集成电路，需要有 1000 多个工艺步骤，其中，刻蚀步骤最多可达 100 多个。仅以打孔为例，其直径是一根头发丝的几千分之一，加工精度、均匀性、重复性要达到几万分之一，一台刻蚀机每年要刻 1018 百万万亿个又细又深的接触孔或线条，而且合格率要达到 99.99%。其挑战极限的难度之大可想而知。有人打了这样一个比方：这相当于从北京建一条连通上海的高铁，其轨道的高低误差不能超过 1 根头发丝。

要摘取高端制造业王冠上的这颗明珠，对每一位科学家和企业家都是考验智慧与心力的巨大挑战。此外，还有诸多无法预测的影响因素。因此，中微半导体的创“芯”之路并不容易。

成立之初，中微半导体就经历了第一次“寒冬”。高端技术的研发需要大量的资金，尹志尧在美国时所负责的产品总部，每年就有约 2 亿美元的研发经费。回到国内后，上海创投和团队自筹的几百万美元的启动资金，仅仅是杯水车薪。尹志尧只能租借在简陋的厂房里搞研发。为筹集资金，他四处奔走却到处碰壁。迫于无奈，他只得重去美国硅谷融资，这才融到了公司的第一笔资金，支撑公司继续走下去。

经过 3 年的静心积淀，2007 年 12 月，中微半导体发布了独立研发的用于 45 纳米至 65 纳米高端芯片生产的设备——等离子体刻蚀机 PrimoD-RIE 和 CVD 装置 PrimoHPCVD，两款产品比市场现有产品处理能力高出 35%，因此成本理论上也可下降 35%。2008 年，这两种设备开始向台积电等著名的半导体制造公司正式出货，标志着中微半导体正式进入全球顶级半导体主流设备市场，同时标志着中国本土企业首次在半导体关键设备领域进入 300 毫米生产线。

中微半导体正积极进行下一步的研发和市场开拓时，第二次打击又不期而至。国外公司无法接受中国人能在 3 年内做出高性能刻蚀机，于是中微半导体的快速发展引来了国际大公司的诉讼。

下面我们梳理一下中微半导体知识产权的保护之战。

（一）美国应用材料诉中微半导体侵犯商业秘密案（2007—2010 年）

2004 年，美国应用材料等离子蚀刻机事业群的主要负责人尹志尧及低压化学沉积产品部经理陈爱华等人离开美国应用材料，回国创立中微半导体。

2007 年 10 月，产品处于试用推广阶段，美国应用材料认为尹志尧与陈爱华等人在美国应用材料时曾接触大量敏感信息和商业机密。中微半导体能在这么短的时间内开发两款设备，显然是蓄意违反对美国应用材料保护的义务，向中微半导体转移和转化了美国应用材料的发明和商业秘密，因此，美国应用材料在美国加州起诉中微半导体侵犯其商业秘密。美国加州北区联邦地方法院审理此案。

中微半导体积极配合对方律师对中微半导体 3 年来所有电脑系统的相关文件和软件进行彻查。在一年半的证据开示和质证中，中微半导体始终坚持自家产品的原创性。不仅如此，中微半导体还抓住机会在美、中法院反诉对方不正当竞争。

2010 年 1 月 15 日，这场拉扯了 2 年 3 个月的诉讼以双方签署和解协议和平解决争端收场。双方互撤诉讼、解决所有争议，并表示以后可以合作。

中微半导体第一次推出产品，便是面向 12 英寸生产线的高端应用，并且已在国内主要的 12 英寸生产线上试用。这意味着，中微半导体迈入了全球顶级半导体主流设备市场，半导体设备供应的市场竞争格局将从此发生改变。

在中微半导体成立之前，全球能够提供等离子刻蚀机和化学薄膜沉积设备的企业共有 4 家，其中 3 家位于硅谷，分别是美国应用材料、科林和诺法（NVLS），另外一家东京电子（TEL）位于日本。

通常一条月产能达 5 万片的 12 英寸生产线，需要 70 台化学薄膜沉积设备和 70 台等离子体刻蚀机，购买这两种设备需要至少 4 亿美元。若以全球每年建设 10~15 条 12 英寸生产线估算，每年仅这两类设备的市场规模便可达 40 亿~60 亿美元。中微半导体试图在这一市场分得一杯羹，而这正是美国应用材料等国际巨头不愿看到的。

分析此次诉讼成功的关键，中微半导体规定任何加盟中微半导体的员工，包括从竞争者、客户和供应商转到在中微半导体工作的员工，都要签署严格的保密协议，宣誓不带任何原雇主公司的文件和资料到中微半导体，不透露任何原雇主公司的技术和商业机密给中微半导体。

以商业秘密的形式对技术成果进行法律保护具有一定的优势。

（1）商业秘密保护不受时间限制。只要商业秘密不向社会公众泄露，其保护就是无限期的。而专利保护的显著特征之一就是时间性，如我国《专利法》规定的发明专利保护期限为 20 年，实用新型专利保护期限为 10 年。但商业秘密的法律保护没有期限上的限制。这不仅是商业秘密与专利的区别，也是商业秘密和其他知识产权的重要区别。

（2）商业秘密可以立即生效。专利权需要经过复杂而且相对漫长的申请和审查程序才有可能获得。而商业秘密可以免除上述不必要的手续，无须经过申请、审查程序，无须等待数十个月的审查时间，当然也无须承担审查程序中可能出现的各种风险。商业秘密可以立即生效。

（3）商业秘密不需要缴纳注册费。专利申请需要缴纳各种费用，如申请费、公布印刷费、发明专利申请实质审查费、复审费、专利登记费、申请维持费等。商业秘密无须经过申请审查程序，也就无须向任何机关缴纳任何费用，也不用担心因为没有及时缴费导致权利无效。

（4）商业秘密保护不被要求遵守向政府部门披露信息的规定。专利权的获得是以向社会公开换取保护。专利在申请时就需要向国家知识产权局提交专利的详细技术资料。获得专利权后，专利权利状态的改变也被要求必须进行登记或者备案。商业秘密刚好相反，不需要经历专利的这些流程，并且有关政府部门依据职权获得企业的有关商业秘密时，法律还要求政府部门有义务保守其获得的商业秘密。商业秘密的权利状态的变化，如技术转让、许可、投资等，也无须向政府部门备案或者登记。

（二）科林诉中微半导体专利权侵权案（2009—2012 年）

2009 年 1 月 17 日，在中微半导体即将进入中国台湾市场之际，科林以中微半导体型号为 Primo D-RIE 的电浆蚀刻机侵害了其台湾专利 TW136706 和

TW126873，在中国台湾发起诉讼，企图阻止中微半导体进入中国台湾市场和阻止客户购买中微半导体产品。但中微半导体指出科林提出的两个被侵权专利是无效专利。

2009 年 6 月，科林撤回其他请求，仅保留对专利 TW136706 的部分侵权主张。

2009 年 9 月 8 日，中国台湾主管部门一审判决科林专利无效，中微半导体首胜。中微半导体很快接到了台积电的订单。

2011 年 1 月 20 日，科林不服，提起上诉，中国台湾主管部门审定科林研发专利 TW126873 无效，二审判决再次确认专利无效，且中微半导体产品不侵权。

2012 年 3 月 5 日，中国台湾主管部门审定科林研发专利 TW136706 无效。

2012 年 6 月 21 日，中国台湾主管部门终审认定科林专利 TW126873 无效。

2012 年 7 月 11 日，科林不服，再次提起上诉，中国主管部门作出终审且不可上诉的判决，驳回了科林的二次上诉。此次终审判决终结了针对此项中国台湾专利所有可能提起的诉讼。中微半导体在此漫长的法律程序中每一步都取得了胜利。

分析此次诉讼成功的关键原因，中微半导体建立初期便成立了专门的知识产权团队，对核心技术申请专利，分析竞争对手专利，针对潜在的知识产权纠纷可能性做了大量的分析排查。

（三）中微半导体与维易科公司的诉讼及相关案件（2017—2018 年）

1. 维易科诉中微半导体供应商 SGL 专利权侵权案

2017 年 4 月 12 日，维易科在美国纽约法院起诉中微半导体托盘供应商 SGL 专利侵权，涉及无基座反应腔及托盘技术。

2017 年 11 月 2 日，法官发出了禁止 SGL 给中微半导体提供托盘的临时禁令。

中微半导体针对涉案专利采取的相关行动：

2017 年 5 月 3 日，中微半导体针对美国涉案专利在中国的同族专利，向国家知识产权局复审委提交证据，主张专利无效。

2017 年 8 月 14 日，中微半导体针对美国涉案专利在韩国的同族专利，向韩国知识产权局提交证据，主张专利无效。

2017 年 12 月 8 日，中微半导体针对美国涉案的托盘专利，在美国专利商标局也提起申请，主张专利无效。

2. 中微半导体诉维易科专利权侵权案

2017 年 7 月 13 日，中微半导体在福建高院起诉维易科在上海的 EPIK 700 系列产品侵犯中微半导体第 CN202492576 号专利，主张 1 亿元以上的侵权赔偿。

2017 年 8 月 21 日，维易科对中微半导体涉诉专利在国家知识产权局提出专利无效申请，另有一位自然人也对该专利提出专利无效。针对两个请求，专利复审委分别开庭审理，于 2017 年 11 月 24 日驳回请求，确认中微半导体专利有效。

2017 年 12 月 7 日，福建高院针对维易科发布禁令，禁止维易科进口、制造、销售或许诺销售侵犯中微半导体第 CN202492576 号专利的任何 MOCVD 设备和相关基片托盘。禁令涵盖 TurboDisk EPIK 700、EPIK 700 C2 和 EPIK 700 C4 机型及相关基片托盘。禁令立即生效执行，不可上诉。中微半导体认为维易科的 EPIK 868 机型也侵权使用了中微半导体涉案专利技术。

2018 年 1 月，中微半导体依《海关知识产权保护条例》申请海关扣押了相关涉嫌侵权设备。国家知识产权局宣布维易科的中国专利全部无效。

2018 年 2 月 8 日，中微半导体、SGL 和维易科三家公司宣布和解。

（1）维易科对 SGL 的诉讼时机

SGL 制造此类托盘已有 20 年的历史，在给中微半导体供货前一直给多个公司供货。中微半导体采用 SGL 的托盘也为时已久了，假如维易科认为这种采购是侵权的，早就可以发起诉讼，那么为什么过去没有采取行动，而是现在发起诉讼呢？这背后的故事其实和侵权无关，完全和市场竞争相关。

中微半导体于 2010 年进入 MOCVD 设备领域，经过不懈的努力，于 2016 年下半年推出了第二代 Prismo A7。与维易科的设备相比，Prismo A7 具有更好的性能、更高的输出量和更低的成本。在半导体设备方向中国不再是跟随，而是引领了技术的发展。

2016年至2017年，中微半导体在MOCVD领域飞速发展，目前在中国国内市场已有超过70%的占有率，超过了维易科。再加上国内MOCVD市场需求持续强劲，中微半导体的业绩持续飘红。此消彼长，中微半导体的异军突起，对维易科构成极大的威胁。并且在中国客户处，维易科的报价已经低于中微半导体的初始报价。维易科用普通的商业竞争手段已无法达到限制中微半导体的目的，于是利用知识产权手段，通过起诉中微半导体的上游供应商手段以限制中微半导体的发展以及影响中微半导体客户选择。

（2）诉讼SGL的原因

中微半导体有着一定的专利储备，而且曾经与美国半导体巨头科林研发有过长达3年的专利诉讼并大获全胜。SGL本身是德国公司，但维易科选择在美国诉讼SGL的美国子公司，是希望借助主场作战的优势在美国打迂回战。在适合维易科的战场选择一个可以轻松攻击的对手，SGL是中微半导体的供应商，其针对性的专利储备可能没有中微半导体在MOCVD领域充足，SGL反击维易科的能力可能远不如中微半导体。

维易科通过申请法院对SGL作出初步禁令，禁止SGL给中微半导体提供MOCVD系统所需要的晶圆承载器部件，卡死了中微半导体关键产品的关键部件的来源，导致中微半导体MOCVD设备无法出售，而中微半导体的多家核心客户将因缺少基片托盘而被迫停产。通过“配件厂—设备厂—终端客户”的产业链传导到最终的客户，直接伤害中微半导体的信誉和供应能力。

（3）面对SGL被裁决禁运，中微半导体的应对策略

首先，中微半导体在进入此领域时就非常重视知识产权的保护，早在2013年就开展了“高端MOCVD设备研发及产业化”知识产权评议项目，针对维易科所有专利做过认真分析、分级和风险评估，针对高风险专利做过准备。同时在关键专利布局（包括维易科诉SGL的涉案专利）进行了一系列策略性的“反布局”专利申请，其中一个“反布局”专利被中微半导体成功用于起诉维易科专利侵权：维易科在中国大量销售的EPIK 700产品上使用了中微半导体有专利权保护的关于石墨转盘和转轴锁定同步的技术，侵犯了中微半导

体的专利权。

其次，企业要完善知识产权战略布局，做到知己才能知彼。

虽然严格的操守令中微半导体在诉讼中毫不畏惧，并取得了最后的胜利，但是，也在诉讼中耗费了大量的精力和财力，极大地影响了企业的发展速度。而能在与海外巨头的专利诉讼中多次取胜，在竞争对手的打压下立于不败之地，中微半导体有着自己的成功之道。中微半导体自启动以来便非常注重知识产权的保护，尽量做到未雨绸缪。

此外，中微半导体成立之初就聘请了国际一流律师事务所，为公司制定了完整的知识产权保护制度。中微半导体还组建了专门的知识产权团队，在产品前期研发时就对潜在专利纠纷可能性做了大量分析排查，排查潜在风险。以某一款等离子刻蚀机为例，研发刚启动，公司的知识产权部门就梳理出潜在的专利风险：在“先来者”布下的专利阵中，哪些必须绕过，哪些又可以另辟蹊径，这样可确保每一步研发进展都不会踩上专利“地雷”。在对自身的知识产权工作做到有底气、没硬伤，最终实现“知己”的同时，中微半导体会仔细研究对手，实现“知彼”。

得益于完善的知识产权人员队伍和体系化的专利管理，以及多年在知识产权保护上的不懈坚持，中微半导体树立了中国企业在专利保护方面的典范，改变了中国的高科技公司在知识产权方面相对“软弱”的局面。

最后，企业需要知识产权保护作盾，构筑长期优势。

在对技术要求极高的半导体设备领域，中微半导体从“跟跑者”到“并跑者”，甚至未来成为“领跑者”，专利在这个过程中起到了关键的作用。面向全球的市场竞争中，知识产权已是中微半导体最核心的战略和资产。“不积跬步，无以至千里”，中微半导体在十几年的发展中，坚持对研发的持续投入，注重合理的专利布局，重视创新管理和人才培育，进而打造坚固的专利之盾，从根本上超越对手，建立了长远的竞争优势。

在“中国制造 2025”行动纲领中，力求到下一个十年中期，将中国从一个低成本制造业国家转变为一个在十大先进领域占优势的高科技强国——这些领域中，半导体领域赫然在目。尽管在原材料和半导体设备上，我国与国外差距巨大，但随着晶圆代工、封装测试和 IC 设计正逐步向东亚乃至中国转移，以及国家不断加大投入，半导体设备和原材料向中国转移只是时间问题。

面对巨头们的专利“挑衅”，中微半导体用底气和智慧回击，为中国企业赢得自信。中微半导体所经历的几场国际专利官司无不以胜诉或和解收场，这已在业内被赞为中国知识产权保护的佳话。

三、汽车脚垫专利电商领域的知识产权保护

根据《专利法》第六十五条规定，未经专利权人许可，实施其专利，即侵犯其专利权，引起纠纷的，由当事人协商解决；不愿协商或者协商不成的，专利权人或者利害关系人可以向人民法院起诉，也可以请求管理专利工作的部门处理。我们来看一个实用新型专利侵权纠纷案件。

2018 年 11 月 30 日，专利权人发现林某未经许可在某网络电商平台经营的网店上销售和许诺销售的地垫、猫砂垫等系列产品，落入其拥有的一项“汽车脚垫”的实用新型专利保护范围内。针对该涉嫌侵权产品，专利权人向某网络电商平台提出下架申请，但因未提供专利权评价报告，某网络电商平台认定材料不全，未予受理。专利权人认为，林某销售和许诺销售的产品侵犯了其专利权，遂向温州市知识产权局提出行政投诉，请求温州市知识产权局依法责令林某立即停止销售、许诺销售侵权产品的行为，责令某网络电商平台对涉案链接进行下架处理。

温州市知识产权局及时完成案件受理审批程序，组成合议组办理该案。在询问过程中，林某对其在某网络电商平台经营的网店上销售涉嫌侵权产品的行为无争议，但认为其行为不构成专利侵权。林某辩称，一是其所销售的产品是一款猫砂垫，并非汽车脚垫，即产品种类不同。二是涉案专利的专利权评价报告显示，该涉案专利不具备创造性，属于无效专利。所谓专利权评价报告，是指国家知识产权局对实用新型或外观设计进行检索、分析和评价后作出的有关专利有效性的报告，常作为审理、处理专利侵权纠纷的证据。某网络电商平台辩称，其并非经营者，且在本案受理后，已经对涉案链接采取下架等必要措施，不应再承担责任。

经过前期准备和书面审理，温州市知识产权局梳理了本案争议焦点：一是林某销售的是地垫、猫砂垫等产品，与涉案专利“汽车脚垫”是否构成相同侵权；二是专利权评价报告对涉案专利的创造性予以否定，是否可以据此认定涉案专利是一项无效专利；三是网络电商平台在案件受理后，已经及时对涉案链接采取下架等必要措施，在此情形下，还是否需要承担连带侵权责任。

针对这个案件争议焦点一，温州市知识产权局认为，在本案中，被控侵权产品与涉案专利其实在本质上均属于脚垫产品。根据网络电商平台涉案链接中的文字描述“这是一款多功能垫子，适用于猫垫、狗垫、进餐垫、地垫，由于材料的设计独特性，除猫砂垫外，还可以设计成各种家用地垫、门垫、车垫、床垫、浴室洗澡垫”，也就是被控侵权产品同样具有车垫的用途，只是在涉案专利“汽车脚垫”的基础上，增加了猫砂垫、家用地垫等其他用途性的描述，但仍然体现了车垫的用途。此外，从技术方案所要实现和预期取得的效果来看，被控侵权产品与涉案专利均是为了能够将泥土、脏物、粉尘不带入特定区域，两者所解决的技术问题、技术方案和预期效果实质上相同。因此，虽然林某对涉案专利“汽车脚垫”在用途方面增加了其他用途性的描述，但是仍然会构成侵权。

针对这个案件争议焦点二，温州市知识产权局认为，专利权评价报告是专利行政部门在处理实用新型专利和外观设计专利侵权纠纷案件过程中用来参考评价涉案专利技术性的一种证据，仅为国家知识产权局出具的一份参考意见。评价报告中对已授权专利作出的是否具备专利性的技术评价并不具有强制性，其结论只有与专利案件中的其他必要证据相结合才能发挥其适当作用，不能仅依据专利权评价报告就认定涉案专利是一项无效专利。另外，对一项已获授权的专利权来说，只能通过国家知识产权局的无效宣告程序来确定其效力，无论专利权评价报告的结论如何，在没有经过专利无效程序时，该专利仍然是有效的。因此，虽然专利权评价报告对涉案专利的创造性予以否定，但不能据此认定涉案专利是一项无效专利。

针对这个案件争议焦点三，《电子商务法》第四十二条规定了“通知 + 删除”规则。知识产权权利人认为其知识产权受到侵害的，有权通知电子商务平台经营者采取删除、屏蔽、断开链接、终止交易和服务等必要措施。通知应当包括构成侵权的初步证据。电子商务平台经营者接到通知后，应当及时采取必要措施，并将该通知转送平台内经营者；未及时采取必要措施的，对损害的扩大部分与平台内经营者承担连带责任。

温州市知识产权局认为，电商领域专利侵权纠纷“通知＋删除”规则的设立，旨在解决电子商务领域侵权行为人涉及面广、取证难的问题，对减轻权利人诉累和维权成本、提高专利侵权纠纷行政处理效率起到重要作用。从尊重立法目的的角度出发，对于网购平台来说，收到专利权侵权行政投诉和司法诉讼函，均是一种“通知”行为。因此，网购平台收到“通知”后，如果置之不理，对之后因侵权行为所引起的损失承担连带责任。在具体操作过程中，经办人员要仔细审查专利权人提出的其他涉案链接与案件中的链接内容是否基本相同，如产品描述、实物图片、数据参考、评价内容等基本相同，有理由认为系同一款产品。在初步认定链接中的产品与涉案产品一致的情况下，可以向网购平台建议下架，给予网购平台一定的期限与涉案链接卖家沟通。如涉案链接的卖家有相关证据证明其销售的产品与涉案产品不同，可以免予下架，但如果有其他证据证明卖家作出虚假陈述，网购平台可以实施诚信惩戒，并给予相关处罚；如无法证明或者提出与专利权不同或者以现有设计提出抗辩理由，应当不予采信，并告知该卖家及时向法院提出不侵权之诉。根据现有证据，温州市知识产权局认为，因某网络电商平台对侵权产品链接已经及时删除并作下架处理，故不再承担相应责任。

随着电子商务的发展，在网络交易过程中，商标权、专利权等知识产权受到侵害的情况也日益普遍。为了限制电商网络平台的知识产权侵权责任，《电子商务法》中规定了“通知＋删除”规则。

在这个案件中，知识产权管理部门认定侵权后，责令线下侵权者停止侵权，同时要求相关平台方进行自查，使得线上涉案侵权产品链接得到及时删除、下架，不仅在源头上及时制止了专利侵权行为，而且有力防止了专利侵权行为的进一步扩大，有效保护了专利权人的合法权益。在当前我国电子商务领域快速发展的环境下，该案线上线下并行的高效处理方式对做好电商领域知识产权行政执法保护具有很好的示范和借鉴意义。

四、“汽车（SUV）”外观设计专利无效案件

汽车生产企业是知识产权密集型企业。而对于一个品牌的汽车而言，汽车的外观设计尤为重要。大众认为欧陆的 SUV 与自己生产的小型 SUV——Taigun 外观极为相似，向国家知识产权局专利复审委员会提起专利权无效宣告请求并获支持。在这个案件中，涉及“明显区别”这个概念。

SUV 作为汽车大家庭中的一员，凭借其良好的舒适性及越野性能，逐渐成为个人乘用车市场的新宠。随着 SUV 市场热度的不断上升，众多车企也纷纷发布相关产品。2012 年，在巴西圣保罗国际车展上，大众发布了最新研发的小型 SUV 概念车 Taigun。作为大众旗下的首款小型 SUV，Taigun 一面世就引发汽车爱好者的广泛关注。

根据业内人士分析，近年来小型 SUV 成为汽车市场新卖点之一，目前大众品牌旗下仅有紧凑型 SUV 途观和大型 SUV 途锐两款车型，未来大众有可能会进一步拓展小型 SUV 市场。

而看准小型 SUV 市场的车企并非大众一家。2013 年 4 月，欧陆向国家知识产权局提交了一件名为“汽车（SUV）”的外观设计专利申请，并于 2013 年 7 月公告授权。因该外观设计专利与大众汽车公司发布不久的 Taigun 概念车外观极为相似，在该专利授权公告后的第二天，相关外观设计视图便在互联网迅速传播，引发市场热议。

有关欧陆“汽车（SUV）”专利的热议很快引起了大众的关注。针对涉案专利，大众于 2014 年 1 月向专利复审委员会提出了专利无效宣告请求。大众提交了两份证据，其中证据一是 2012 年大众针对 Taigun 概念车在世界知识产权组织（WIPO）已注册的外观设计专利文献。大众主张以其中所示外观设计作为涉案专利的对比设计。证据二则是现有设计中的 SUV 汽车图片，用于说明现有设计状况。

专利复审委员会于 2014 年 3 月受理了上述专利无效宣告请求，随后成立合议组对该案进行审理。

大众认为，由于车身整体形状的多样性，对于一般消费者而言，SUV 的整体外形，特别是车身侧面轮廓造型因其能体现车的设计风格而最具视觉影响力。涉案专利与证据一整体形状完全相同、侧面轮廓构型完全相同、车头和车尾的整体设计风格相似，二者的区别仅在于局部差异，如进气格栅的网状设计、保险杠下方的护板等，这些差异并未改变产品的整体设计风格和形象，对整体视觉效果不足以产生显著的影响，因此，涉案专利相对于证据一不具有明显区别，不符合《专利法》第二十三条第二款的规定。

2014 年 5 月，专利复审委员会对该案进行了公开口头审理。该案合议组审查后认为，涉案专利与对比设计的相同点主要集中在三维立体构型、车身外饰件的基本布局和相互位置关系、与翼子板相关的设计特征、侧窗轮廓等几个方面。其中，所述外饰件布局、与翼子板相关的设计特征、侧窗轮廓等为对比设计相对于常规设计的创新性劳动部分。相对于对比设计，涉案专利的设计变化主要可以分成两类，一类是独立设计特征简单替换为惯常设计，包括针对对比设计的内饰座椅、保险杠护板、牌照安装位、引擎盖散热孔、腰线、后车门把手、轮毂间隔部分、车灯数量、后灯组的形状、顶部行李架的设计，涉案专利是以惯常设计特征对其进行替换。鉴于上述替换仅针对单独的设计特征，这些设计特征的变化在视觉效果上并未产生呼应关系，不影响整车设计风格。因此，这种替换并非涉案专利的创新部分，其所带来的设计变化在整体设计中不易受到关注，对整体视觉效果不具有显著影响。

另一类是汽车前脸的设计变化，包括前保险杠、进气格栅和前照灯组的设计变化。相较于对比设计，涉案专利以平直的保险杠设计替换原有的带圆弧角凸起的前保险杠设计，以锐角替代前照灯组中靠近格栅和保险杠的圆弧角，以呈倒梯形且带放射状网格的进气格栅替代原有的大众家族式格栅设计。根据现有设计状况可知，涉案专利的进气格栅是其个性设计特征，上述特征的组合影响了汽车前脸的视觉效果。

涉案专利被宣告无效，合议组认为，从比对情况来看，对比设计主要以直线条勾勒细节，呈现的是极具硬朗感的汽车设计，涉案专利沿用了对比设计的诸多设计细节，包括对比设计的三维立体造型，也包括对比设计的外饰件布局、外拱式翼子板、侧窗轮廓等设计特征，从而形成了与对比设计类似的整车设计风格。尽管涉案专利的进气格栅是其创新性劳动部分，但一般消费者对于涉案专利的视觉关注点不会仅仅局限于其进气格栅的设计，而是会同时关注到涉案专利所沿用的对比设计的外饰件布局、外拱式翼子板设计、侧窗设计等诸多设计特征。在涉案专利沿用了对比设计的诸多设计细节尤其是对比设计的多处创新性劳动部分的情况下，综合考虑二者的相同点和不同点，涉案专利对于汽车前脸所作的设计变化虽存在创新，但相对于整车设计而言所占比例较小，相较于二者的相同点尤其是涉案专利沿用的对比设计的创新性劳动部分而言，其在整体视觉效果中的权重较轻。在“整体观察、综合判断”的基本原则之下，二者的不同点对整体视觉效果不具有显著影响，不能令涉案专利明显区别于对比设计。因此，涉案专利相对于对比设计不符合《专利法》第二十三条第二款的规定。

2014 年 10 月，专利复审委员会作出审查决定，宣告“汽车（SUV）”专利权全部无效。

该案合议组成员介绍说，首先，虽然可授予专利权的外观设计并不局限于原创型设计，也包括改进型设计，但要求改进型设计达到一定的设计高度，以构成明显区别于现有设计的新的发明创造。对“明显区别”的判定应以查明事实为前提，以“整体观察、综合判断”为原则，通过分别了解每个设计特征在现有设计中出现的频率，以判断其对整体视觉效果的影响权重，再通过整合所有设计特征回到产品本身，来确定相同点和不同点对整体视觉效果的影响力。其次，如果涉案专利沿用了对比设计的整车风格，且沿用了对比设计的多个设计细节，而涉案专利自身的创新性部分相对于二者的相同点而言在整体视觉效果中所占权重较小，则即便涉案专利做出了创新性劳动，但基于外观设计保护整体产品的原则，相对于其所要求的整车产品的保护而言，该创新性部分不足以令其达到明显区别于现有设计的发明创造高度，因此，涉案专利不应获得专利法的保护。

综上，我们分析“汽车（SUV）”外观设计专利无效案件，明白了“明显区别”的判断中应重点考虑哪几个方面。

《专利法》第三次修订将第二十三条划分为四款，其中第二款规定“授予专利权的外观设计与现有设计或者现有设计特征的组合相比，应当具有明显区别”。即要求可授权的外观设计专利与现有设计单独对比，或者与现有设计特征的组合相比，应当具有“明显区别”，这一修改对外观设计的授权条件提出了更高的要求。“明显区别”的判断并不等同于发明、实用新型专利中的创造性判断，基于外观设计与发明和实用新型的不同属性，前者保护图片、照片中所示产品外观的设计方案，后者保护文字形式的权利要求书所体现的技术方案，二者的判断标准有诸多不同之处。在现行《专利法》实施以来，经过大量理论研究和案件实践，“明显区别”的判断标准已基本明晰。“汽车（SUV）”外观设计专利无效案即反映该判断标准的典型案例。

我们来重点分析其中涉及审查标准需要重点关注的知识：

第一，关于判断主体。

外观设计专利的判断主体为“一般消费者”，迄今为止，业界学界对于其应定位于拟制主体还是某一具体特定人群仍有争议。合议组认为，2010 年版《专利审查指南》（以下简称指南）中虽记载“不同种类的产品具有不同的消费者群体”，但并非要求在实际判断中必须将判断主体定位为产品的终端用户、中间用户、购买者或是使用者，而是强调实际判断人员应当具备判断时所需的该类产品的相关设计知识。基于对《专利法》和指南相关规定的理解，“一般消费者”应为拟制主体，会基于不同产品而具备相应的知识水平和认知能力。拟制主体的定位能促使实际判断人员在个案判断时通过多种途径补充知识，以达到该类产品的判断主体应有的知识水平和认知能力，避免仅凭个体认识造成的主观臆断。

第二，关于现有设计状况。

有设计状况是影响判断结论的一个重要因素。通过对现有设计状况的了解，可以准确理解涉案专利的设计方案，避免将设计特征误认为无意义的线条，如将圆形旋钮理解为圆形图案；可以了解专利产品中每个设计特征在现有设计中出现的频率，区分产品设计中的创新性部分和非创新性部分。了解现有设计状况的过程实际就是判断人员达到该类产品“一般消费者”知识水平和认知能力的过程。通过引入现有设计状况，有助于判断标准的统一、客观、合理化，避免以每个具体判断人员自己的知识水平和认知能力进行判断，导致判断结果因人而异。

第三，关于整体视觉效果。

外观设计专利保护产品外观，产品外观由产品的设计特征共同构造，由此，设计特征即为形成产品外观的整体视觉效果的基本单元。基于我国现行专利保护体系下对外观设计进行整体保护的原则，对整体视觉效果的考量就是对产品全部设计特征视觉影响力的考量。因此，在对比判断中，不能无视构成产品外观的任何一个设计特征，需要客观对比涉案专利与对比设计的全部设计特征，找出二者的相同点和不同点，再根据相同点和不同点对整体视觉效果的影响力权重，判断二者是否具有明显区别。

第四，关于设计特征对整体视觉效果的影响力。

产品外观的每一个设计特征对产品的视觉影响力不会完全相同，决定设计特征视觉影响力的因素众多。举例来说，设计特征占产品的比例大小、是否位于使用时容易看见的部位等，均会令单个设计特征的视觉影响力有所不同；再如，基于专利法保护发明创造的立法初衷，在其他条件相同的情况下，创新性设计特征的视觉影响力会强于非创新部分。通常而言，同一设计特征上会竞合多个影响力因素，有些因素叠加所体现的是增强效果，如冰箱门位于使用时容易看到的部位，且占产品比例较大，基于两个影响因素强强叠加的效果，其视觉影响力增强；有些因素叠加却是抵消效果，如瓶盖是创新性设计特征，但相对于瓶身比例较小，其原本相对较强的影响力因比例因素的抵消而弱化。因此，设计特征对整体视觉效果的影响力判断是综合判断的过程，需要客观分析每个设计特征的各个影响力因素之后，再将这些因素所影响的设计特征整合为产品整体，综合考量其整体视觉效果。

考虑以上要点，在这个案件中合议组认为，保护发明创造、鼓励创新是专利法最根本的目的之一，我国允许外观设计受到《专利法》的保护，即认为外观设计属于发明创造。《专利法》第二十三条第二款的规定要求外观设计专利应能明显区别于现有设计或者现有设计特征的组合，其本质即要求可授权的设计方案构成专利法所要求的发明创造，也即要求设计人员所付出的创新性劳动足以令涉案专利与现有设计或现有设计特征的组合在整体视觉效果上具有明显区别。这里所说的明显区别不应是在现有设计基础上的简单变化、拼合、转用，而应当是创新的体现、创造的成果，其可能表现为产品基础元素的改变而带来的新的设计风格，也可能表现为因产品局部设计特征的改变而具有的显著差别的视觉效果。以《专利法》第二十三条第二款为依据进行审查时，一方面，要求判断人员尽可能接近指南拟制的一般消费者的知识水平和认知能力；另一方面，要求对设计方案的理解应尽可能客观、准确，能够从中找出设计人员的劳动部分，并判断这种劳动是发明创造还是专利性之外的劳动，以确定该外观设计是否可予以专利保护。由此，“明显区别”的判定应以查明事实为前提，了解每个设计特征在现有设计中的状况，确定外观设计中设计人员付出劳动的部分和沿用现有设计的部分，再基于“整体观察、综合判断”的原则，在产品整体中考虑每个设计特征，确定沿用现有设计的部分和付出劳动的创新部分对整体视觉效果的影响，从而减少主观干扰因素，科学地得出判断结论。

在这个案件中涉案专利与对比设计在车身侧面、三维结构等多处存在相同点，在汽车前脸等多处存在不同点，是典型的改进型设计。通过双方当事人对现有设计状况的大量举证，以及合议组对相关产品知识的查证可以确定，专利权人对于产品设计的创新点在于汽车前脸部分。基于保护发明创造的目的，创新点的视觉效果不容忽视；但涉案专利亦沿用了对比设计的大量设计特征，包括对比设计相对于常规设计的创新性劳动部分和三维立体构型等。基于外观设计整体保护的原则，考量整体视觉效果时不能仅关注涉案专利所涉及的创新点而忽略其他设计特征，因此，涉案专利沿用的这些设计特征对产品的视觉影响力也不容忽视。综合考虑二者的相同点和不同点对整体视觉效果的影响力，相同点的视觉影响力更强，因此，涉案专利相对于对比设计不具有明显区别。

这个汽车外观设计专利无效案件给我们带来的启示主要有两方面。第一，尽管涉案专利做出了格栅创新，但与其相适应的权利范围应为格栅的外观设计专利保护。在创新部分有限的情况下，专利权人若以整车产品的外观设计专利享有排他性权利，会损害公众自由使用原本应属于公有领域产品设计的权利，因此，请求整车保护赋予了专利权人不恰当的权利范围，应予纠正。此亦为“明显区别”对改进型设计的授权要求。第二，当事人积极举证现有设计状况，对于准确理解涉案专利和对比设计，明确案件焦点有重要意义，有利于决定结论的准确性。

五、电动平衡车的专利江湖纷争

平衡车又叫体感车，没有方向盘，采用站立式驾驶方式，以电池为动力，通过身体重心或操控杆控制车体运行。平衡车从 2014 年兴起，到 2015 年大热，中国平衡车产业一片欣欣向荣。然而在 2015 年 12 月 12 日，亚马逊突然下架了大部分的国产平衡车产品，并在当天向卖家发去通知，要求商家停止销售平衡车，并要求所有平衡车商家证明自己销售的产品不属于侵权产品，还须提供相关的为该产品和公司辩护的律师联系方式。因为亚马逊收到了来自该产品的专利持有者 Razor USA LLC 的告知，被侵权专利的专利号为 NO.8738278。

尽管拥有广阔的市场前景，并保持着快速发展，但平衡车这一行业似乎从诞生之日起就伴随知识产权安全问题，专利、行业标准等各方面的争议不断。

中国平衡车行业更是迅速占据全球 90% 以上市场份额。却在风光无限之际，遭遇“意外”逆转，一度出现过订单锐减、企业倒闭的惨况。而正是这场“滑铁卢”，让人们关注到了中国平衡车行业背后真正的“卡脖子”问题：知识产权。

以杭州骑客、常州爱尔威、深圳乐行天下等为代表的国内平衡车企业，普遍在国际市场上吃过专利布局落后的亏，但近年来平衡车企业强调产学研结合，加大创新研发力度，并且采取独特的专利战略规划，正逐渐缩小与国际巨头之间的差距。

在平衡车行业中，赛格威公司可以说是行业之鼻祖。据统计，该公司从 20 世纪 90 年代即开始专利布局，目前拥有专利 400 余件。其中包括在美国申请于 1999 年 6 月的重要基础专利 US6302230；该专利从整体上对平衡车进行了专利保护。2015 年 4 月，来自中国的纳恩博（Ninebot）科技有限公司成功地收购了赛格威公司，据媒体披露，纳恩博（Ninebot）的主要投资人之一为小米公司。因此，2015 年，小米收购美国平衡车领导者的报道屡见报端。

据说，赛格威公司的 400 多件专利是小米非常看重的，因为有此知识产权，收购兑付了较高的估值定价。纳恩博和赛格威（Ninebot&Segway）公司目前在行业内专利布局广、数量多，尤其在双轮带杆电动平衡车品类上拥有很大优势。事实上，纳恩博（Ninebot）公司在收购世界巨头之前，已经开始了专利布局。例如，其于 2014 年 6 月在中国申请的实用新型专利“电动平衡车使用的腿控操纵机构”（CN204077970U），即公开了腿控方向杆不同于一般平衡车需要双手控制方向，能分析腿部动作控制方向，让行驶更轻松稳定。与该专利对应的九号平衡车（Ninebot）已经上市。

平衡车的另一重要企业——海外选手英凡蒂（Inventist）公司，其创始人为美籍华人陈星。陈星也没有拘泥于赛格威定义的平衡车模式，在其基础上开发了平衡车的新形态：电动独轮车和电动扭扭车。

美国著名滑板休闲车产品制造商锐哲公司于 2015 年底花费 1000 万美元购得陈星的美国第 US8738278 号专利的独占许可权；并以侵犯该专利为由向亚马逊平台提起诉讼，下架除锐哲授权品牌之外的所有扭扭车，由此强势进入电动平衡车行业。

陈星和他的英凡蒂公司虽然没有进行大量专利布局，却由于掌握电动独轮车与电动扭扭车等领域的基础技术专利，因此在专利质量上具有较大的优势。

其中较为出名的是被不同请求人提出 8 次无效宣告请求的一项关键专利：“电动独轮自行车”（专利号为 ZL201110089122.9）。这件发明专利还曾让纳恩博公司背上“专利侵权”指控，一审被判败诉并赔偿 70 万元给发明人陈星。

凭借此项创新，陈星创建了单向轮（Solowheel）品牌和英凡蒂公司，并在美国和中国都进行了专利布局，其中美国专利 US8738278 和中国专利 CN102275621B 均为该公司的基础专利。

国内的企业虽然专利布局较晚，但着重从细节入手，在激烈的江湖纷争中独树一帜、自成一派，产品中注重东方美感的设计与欧美公司的硬朗风格形成鲜明对比。国内从事电动平衡车产业的企业众多，如杭州骑客、常州爱尔威、深圳乐行天下等。

杭州骑客智能科技有限公司成立于 2013 年，拥有大约 70 项全球专利，专利主要集中在电动扭扭车系列。其主要专利包括中国专利 CN104029769、美国专利 US9376155 等。相比于陈星的 US8738278 专利，骑客对转动机构、平衡控制机构等做出了更进一步的改进。

通过上述平衡车的专利纷争案例，可以看出在市场竞争中专利布局的重要性。只有具备完善的专利布局，建立攻防兼备的知识产权保护体系，才能充分地维护巩固和提高企业的竞争力。只有进行合理的专利布局，提高科技含量及创造水平较高的发明专利所占比重，才可以提高企业专利的整体价值，提升企业的市场竞争力，削弱竞争者的优势，最大限度地发挥专利武器在企业竞争中的作用。

如今的市场竞争，尤其是企业“走出去”面临的复杂形势，更是要求企业在专利布局方面丝毫不能马虎。专利布局，已经成为中国企业“走出去”应对“337 调查”等各类知识产权风险挑战的必修课。

在知识产权战略防御、攻守兼备、竞争超越的三步走战略中，在不断加大研发投入及研发力度的同时，推动专利布局不可或缺，它能奠定参与国际市场竞争的坚实基础。事实证明，只有进行良好的专利布局，才能在遭遇知识产权纠纷等各类知识产权风险时有所依托，从容不迫。

参考文献

［1］尹新天．中国专利法详解［M］．北京：知识产权出版社，2012：9.

［2］国家知识产权局知识产权保护司组织编写．企业知识产权保护指南［M］．北京：知识产权出版社．2022.

［3］郑成思．知识产权论［M］．北京：法律出版社，2001：6.

［4］尹锋林．平行进口知识产权法律规制研究［M］．北京：知识产权出版社，2012.

［5］崔国斌．专利法：原理与案例分析（第二版）［M］．北京：北京大学出版社．

［6］马天旗．专利挖掘［M］．北京：知识产权出版社，2016：126-152.

［7］马天旗．高价值专利培育与评估［M］．北京：知识产权出版社，2018：133-138.

［8］国家知识产权局知识产权研究发展中心．前沿技术领域专利竞争格局与趋势［M］．北京：知识产权出版社，2019：189-190.

［9］国家知识产权局学术委员会．专利分析实务手册（第2版）［M］．北京：知识产权出版社，2021：19-20.

［10］国家知识产权局电学发明审查部．企业专利常见问题解答（第1版）［M］．北京：知识产权出版社，2012：73-74.

［11］宋河发．面向创新驱动发展与知识产权强国建设的知识产权政策研究［M］．北京：知识产权出版社，2018：246-247.

［12］国家知识产权局复审和无效审理部 . 知识产权与商业：无形资产的力量［M］. 北京：知识产权出版社，2020：126–132.

［13］庞燕红 . 商业秘密法律保护探讨［J］. 现代商贸工业，2022（1）：149–151.

［14］孙志飞 . 商业秘密和专利对技术成果保护比较研究［J］. 上海商业，2022（7）：214.

［15］盛丹 . 科技型企业如何开展技术秘密管理［J］. 现代商业，2016（32）：114.

［16］刘书芝 . 浅谈技术秘密与专利的特点及技术保护策略选择［J］. 中国发明与专利，2017，14（05）：50–51.

［17］高静 . 商业秘密中的技术秘密保护实践研究［J］. 管理观察，2019（29）：31–32.

［18］高价值专利筛选［M］. 北京：知识产权出版社，2018.

［19］高价值专利培育与评估［M］. 北京：知识产权出版社，2018.

［20］石晨阳 . 浅论采购环节的知识产权风险管控［J］. 现代商业，2020（16）：107–109.

［21］董丽 . 浅谈海外供应商知识产权风险管理［J］. 中国发明与专利，2018，15（01）：83–85.

［22］徐昊，杨如馨 .《专利法》中关于职务发明专利权属的规定的辨析［J］. 知识经济，2018（02）：30–31.

［23］李文超 . 基于知识产权管理体系的企业知识产权风险管理［J］. 中国发明与专利，2017，14（12）：68–73.

［24］谭艳红，黄志臻 . 试论我国职务与非职务发明专利权的权属界定及其完善［J］. 南京工业大学学报（社会科学版），2011，10（02）：30–35.

［25］刘春田 . 知识产权法［M］. 北京：高等教育出版社，2015.

［26］张明楷 . 刑法学上［M］. 北京：法律出版社，2016.